"中国劳模"系列丛书

U0669946

中国劳模

匠心不渝的"时光雕刻者"

刘更生

佘飞◎著

吉林出版集团股份有限公司
全国百佳图书出版单位

图书在版编目（CIP）数据

匠心不渝的"时光雕刻者"：刘更生 / 佘飞著.
长春：吉林出版集团股份有限公司，2025.6. -- （"中
国劳模"系列丛书 / 徐强主编). -- ISBN 978-7-5731
-6139-0

Ⅰ. K825.72

中国国家版本馆CIP数据核字第2025C5W518号

JIANGXIN BU YU DE "SHIGUANG DIAOKE ZHE": LIU GENGSHENG

匠心不渝的"时光雕刻者"：刘更生

出 版 人	于 强
主　 编	徐 强
著 者	佘 飞
组稿统筹	东北师范大学文学院创意写作研究中心
责任编辑	王丽媛
助理编辑	张碧芮
装帧设计	张红霞

出　 版	吉林出版集团股份有限公司
发　 行	吉林出版集团社科图书有限公司
地　 址	吉林省长春市南关区福祉大路5788号　邮编：130118
印　 刷	唐山富达印务有限公司
电　 话	0431-81629711（总编办）
抖 音 号	吉林出版集团社科图书有限公司　37009026326

开　 本	710 mm×1000 mm　1 / 16
印　 张	9.5
字　 数	110 千字
版　 次	2025 年 6 月第 1 版
印　 次	2025 年 6 月第 1 次印刷

书　 号	ISBN 978-7-5731-6139-0
定　 价	58.00 元

如有印装质量问题，请与市场营销中心联系调换。0431-81629729

序言

　　劳动创造财富，劳动创造幸福，劳动创造未来。习近平总书记在2020年全国劳动模范和先进工作者表彰大会上的讲话中指出："全社会要崇尚劳动、见贤思齐，加大对劳动模范和先进工作者的宣传力度，讲好劳模故事、讲好劳动故事、讲好工匠故事，弘扬劳动最光荣、劳动最崇高、劳动最伟大、劳动最美丽的社会风尚。"当今世界，综合国力的竞争归根到底是科技人才和高素质劳动者的竞争。改革开放以来，我们强大的工人队伍用辛勤的劳动和拼搏奉献的精神推动中国制造、中国智造、中国创造走向世界的前列，新时代的中国面貌日新月异。大力弘扬劳模精神、劳动精神、工匠精神，加强高素质技能人才队伍建设，打造一支宏大的知识型、技能型、创新型劳动者队伍，是伟大时代赋予我们的历史责任。

　　劳动模范是民族的精英、人民的楷模，是共和国的功臣。自改革开放以来，广大职工勇立改革潮头，独立自主，奋发图强，勇于创新，其中涌现出一批批全国劳模和大国工匠。他们参与建设了代表中国高度、中国速度、中国深度的一系列重大工程，提升了国家实力，打造了"中国名片"，树立了"中国品牌"，增添了"中国力量"，充分释放出工人阶级的创新活力，展示出大国工匠的强大创造力。他们以工人阶级的满腔热忱在各自平凡的工作岗位上取得了辉煌的成绩，书写了新时代的壮丽篇章。

爱岗敬业、争创一流、艰苦奋斗、勇于创新、淡泊名利、甘于奉献的劳模精神，崇尚劳动、热爱劳动、辛勤劳动、诚实劳动的劳动精神和执着专注、精益求精、一丝不苟、追求卓越的工匠精神，是广大劳动群众在社会生产实践中锤炼形成的弥足珍贵的精神财富，是工人阶级伟大品格的具体体现，是民族精神和时代精神的生动诠释。民族复兴需要劳动模范，祖国强盛需要大国工匠，中国制造、中国智造、中国创造更需要大国工匠的强有力支撑。劳模、工匠等的成长故事、先进事迹中承载的劳模精神、劳动精神和工匠精神，是激励全国各族人民团结奋斗、勇往直前的强大精神力量。

"中国劳模"系列丛书，采用图文结合的方式，讲述全国劳模、大国工匠和先进工作者们的成长经历及他们追梦、筑梦、圆梦的故事，用他们在平凡岗位上创造不平凡业绩的真实故事感染读者，推动形成劳动最光荣、劳动最崇高、劳动最伟大、劳动最美丽的社会风尚，引导广大技术工人和青少年形成劳动光荣、技能宝贵、创造伟大的观念。

"匠心筑梦，强国有我。"新时代是一个万象更新、生机勃勃的时代，也是一个继往开来、创新创业和建功立业的大时代。希望广大读者能以劳动模范为榜样，以大国工匠为楷模，立志技能报国、技术强国，踔厉奋发，勇毅前行，锤炼思想品格，汲取劳动智慧，勇于担当、勤于钻研、甘于奉献，为推进新型工业化和乡村振兴，为加快建设制造强国、质量强国、航天强国、交通强国、网络强国、数字中国、农业强国，全面建设社会主义现代化国家贡献青春力量。

中华全国总工会副主席（兼）

中国航天科技集团有限公司第一研究院

211厂14车间高凤林班组组长

2022年11月

扫码解锁

◉群英颂歌 ◉用心琢物
◉以技传世 ◉奋斗底色

传主简介

　　刘更生，出生于1964年10月。他是当代工匠精神的杰出代表，更是国家级非物质文化遗产龙顺成京作硬木家具制作技艺的代表性传承人，现任北京金隅集团天坛家具龙顺成中式家具有限公司的副经理及工艺总监，同时也是刘更生创新工作室的领军人物。

　　1983年，刘更生接父亲班进入龙顺成，师从孙月楼大师，潜心研习京作硬木家具制作与古旧家具修复技艺。经过两年的勤学苦练与细心钻研，他迅速成长为能够独当一面的工匠。2013年，故宫博物院启动"平安故宫"工程，刘更生勇挑重担，带领团队成功修复了包括故宫养心殿无量寿佛宝塔、紫檀镜框在内的数十件珍贵木器文物，展现了刘更生及团队卓越的技艺与坚定的担当。

　　2016年，刘更生创新工作室成立，他致力于技艺的传承与创新，不仅在生产一线倾囊相授，还积极培养工艺、设计、技术领域的青年人才，为行业输送了大量优秀工匠。他主导复刻了多件经典家具，如金丝楠鸾凤顶箱柜、紫檀耕织图罗汉床等。同时，他还带领团队独创了名贵木材曲线拼接技法、创新了线型刀具制作技术、优化了传统家具表面处理工艺技法等。

此外，刘更生还深度参与了北京贵宾楼饭店、内蒙古自治区成立70周年大座屏、宁夏回族自治区成立60周年献礼作品、天安门城楼内部木质装饰、北京2022年冬奥会家具等重大项目的制作，其精湛工艺与卓越贡献广受赞誉。

在职业生涯中，刘更生获得了诸多荣誉。他于2010年获得"北京市东城区级非物质文化遗产京作硬木家具代表性传承人"称号；2015年获得"国企楷模·北京榜样"称号，同年被评为北京市劳动模范；2016年获得世界手工艺产业博览会"国匠杯"银奖，被北京老字号协会评为"北京老字号优秀传承人"；2017年获得"北京一级工艺大师"称号；2018年获得"北京大工匠"称号，同年获得"轻工大国工匠"荣誉称号；2019年获得全国五一劳动奖章、被评为"北京市有突出贡献的高技能人才"，享受国务院政府特殊津贴；2020年获得"北京老字号工匠"称号；2020年获得"华意空间杯 2020中国家居产品创新设计年度人物"称号；2021年获得"大国工匠年度人物"称号；2025年获得"全国劳动模范"称号等。

刘更生始终保持着谦逊、坚守着匠心，对每一件作品都力求完美。他在传承中不断创新，在创新中深化传承，始终不忘初心，砥砺前行，是当代工匠的楷模。

目 录

第一章　童年记忆

扫码解锁

◎群英颂歌 ◎用心琢物
◎以技传世 ◎奋斗底色

出生

　　1964年10月，正值中华人民共和国成立15周年的辉煌时刻，整个北京城都沉浸在喜庆的氛围中。在原崇文区鲁班胡同的一户木匠家庭中，更是洋溢着难以言喻的喜悦，因为这家的刘宝勤和张秀臣夫妇迎来了他们生命中又一个重要的时刻——第三个孩子出生了。

　　那一天是1964年10月8日，一个阳光明媚的清晨，北京天坛医院的产房内，刘更生的母亲张秀臣静静地躺在洁白的产床上，脸上带着迎接新生命的期待与紧张。与此同时，父亲刘宝勤在医院的走廊里焦急地等待着，时间的流逝对他而言异常缓慢，他时而踮起脚尖，试图透过那扇紧闭的门窥视产房内的情景；时而将耳朵紧贴门上，试图捕捉产房内传来的任何声响。

　　终于，经过几个小时的漫长等待，一阵清脆的啼哭声响起，整个产房都沉浸在迎接新生命的喜悦之中。医生怀抱着一个小生命，面带微笑地走出产房，向焦急等待的刘宝勤宣布："恭喜，是个健康的男孩，母子平安！"

　　听到这个消息，刘宝勤的喜悦之情溢于言表，他几乎要跳起来，双手颤抖着从医生手中接过孩子，凝视着这个小小的"奇迹"，心中充满了无尽的柔情与感激。他抱着孩子看了又看，怎么也看不够。

他紧紧拥抱住刚被推出产房同样泪眼婆娑的妻子，两颗心在这一刻紧紧相连，共同体验着这份来之不易的幸福。

"太好了，我们又多了一个儿子！"刘宝勤的声音中充满了感激与满足。

出院后，一家人回到了充满工匠气息的鲁班胡同。刘宝勤一边工作，一边细心地照料着妻子与孩子。

孩子出生后的第八天，也就是1964年10月16日，北京城沉浸在另一份喜悦之中——中国第一颗原子弹爆炸成功了！午后，阳光似乎比往常更加柔和地洒在大地上。下午三点时，中国西北的天空闪过一道强烈的光芒，如同天神手中的利剑，划破长空，照亮了广袤的大地。紧接着，一声巨响，不仅震动了山河，也震撼了世界，让每一个中国人感到无比的自豪与振奋。那不仅仅是爆炸的声响，更是中华民族自强不息、勇攀科技高峰的豪迈宣言。巨大的火球腾空而起，转瞬化作一朵绚烂的蘑菇云。那云，洁白而有力，仿佛在向世界宣告：中国，已不再是那个任人欺凌的弱国，而是成为一个能够捍卫自己尊严、维护和平的强国。消息迅速传遍大江南北，乃至世界的每一个角落。每个中国人的心中都充满了激动与自豪，他们明白，这一刻，属于中国，属于每一个为了国家富强而默默奉献的人。

"自力更生"不仅是一句口号，更是那个时代中国人民共同的信念与追求。在艰苦的条件下，他们凭借着坚韧不拔的意志和无私奉献的精神，一步步攻克难关，最终取得了举世瞩目的成就。

刘宝勤和张秀臣夫妇也听闻了这一重大消息，这一历史性时刻让整个国家为之沸腾，也深深触动了刘宝勤夫妇的心。他们望着襁褓中熟睡的小生命，心中充满了对未来的无限憧憬与希望。

"就叫他'更生'吧。"刘宝勤说,"希望他将来能够自力更生,成为对社会有用的人。"

"好啊!就依你。"张秀臣望着怀里的孩子,眼中闪烁着母爱的光辉,她温柔地抚摸着孩子的脸庞,轻声说道:"你以后就叫刘更生了。你听到了吗?你喜欢这个名字吗?这是爸爸妈妈对你的期望和祝福。"

婴儿的眼睛眯成一条缝,他仿佛听见了妈妈跟他说的话似的,嘴角微微上扬,笑了起来。

鲁班胡同

鲁班胡同现在位于北京市东城区龙须沟畔,北起热闹非凡的珠市口东大街,南至幽静的东晓市街,全长约五百米,承载着丰富的历史记忆。据1933年《北平地名典》记载,此地因昔日矗立的公输子①祠(鲁班庙)而得名"鲁班胡同",是工匠们心中神圣的殿堂。

鲁班生活在春秋之末至战国之初这段时期,是能工巧匠的典范,更是在发明史上留下了浓墨重彩的一笔。许多木工器具,如曲尺、墨斗、刨子、钻子、锯子等,都相传为鲁班所发明创造的,其影响力穿越时空,深远绵长,历经岁月洗礼而不衰。

---

①鲁班被尊称为公输子。

鲁班胡同汇集了众多世代相传的木匠，他们为京城的居民制作出精美的家具和工艺品。

曾经的鲁班胡同里总是飘荡着一股淡淡的木香，那是从沿街分布的若干个木匠铺里飘散出来的。其中，有一家字号"龙顺"的硬木桌椅铺尤为引人注目，这里的匠人手艺精湛，做出来的家具不仅结实耐用，还透着一种无法用语言描述的雅致。这家字号"龙顺"的硬木桌椅铺，就是"龙顺成"的前身，也是其成为享誉全国的百年老字号的开始。

遥想当年，鲁班祠里矗立着一座"鲁班祠碑"，每当夕阳西下，余晖洒在碑上，仿佛在诉说着匠人们代代相传的技艺与梦想。随着时代的变迁，战乱频发，鲁班祠也渐渐失去了昔日的辉煌，那座碑也逐渐被人遗忘在了时光的角落里。

中华人民共和国成立后，一切开始焕发新的生机。"龙顺"硬木桌椅铺也迎来了它的春天，生意越做越红火，名声也越传越远。1956年，国家实行公私合营政策，那些曾经独立经营的木器作坊，被整合成了"公私合营龙顺成木器厂"，使得鲁班胡同的木匠文化焕发出了新的活力与生机。

刘更生的父亲正是木器厂中一位杰出的木匠。刘更生从小便在这个充满木匠气息的胡同里长大。院子里的木匠师傅们都是和蔼可亲的人，他们常常笑着问刘更生："小子，长大了想不想学做家具？"刘更生总是睁大眼睛，满心欢喜地点点头，心中悄然种下了一颗他要成为木匠的种子。

一天，父亲刘宝勤问刘更生："你知道鲁班是谁吗？"

"知道，他是'百工圣祖'，是个很厉害的人！"刘更生自豪地回答道。

⊙ 龙顺成国家级非物质文化遗产传承基地（摄于2022年7月4日）

刘宝勤微笑着点头，继续讲述着鲁班胡同的历史和鲁班的故事。他告诉刘更生，鲁班是中华民族的骄傲，而龙顺成的匠人们则是木作技艺的传承者。

每当清晨的阳光洒进院落，刘更生都能听到父亲刘宝勤在木器厂里忙碌的声音。锯木声、敲打声交织成一首美妙的旋律，伴随着刘更生的成长。

"更生啊，你看这木材的纹理，多美！"刘宝勤一边挑选木材，一边耐心地教导刘更生。刘更生好奇地睁大眼睛，仔细观察着父亲手中的木材，仿佛看到了大自然的奥秘。

在这样的环境中，刘更生从小就对木匠活儿产生了浓厚的兴趣。他聪明伶俐，勤奋好学，常常跟在父亲身后，在父亲干活儿时帮忙递工具。在父亲的悉心教导下，他很快便可以自己做木匠活儿了。看到他进步得如此迅速，刘宝勤抚摸着刘更生的头，眼中满是骄傲。刘更生长大成人后继承了父亲的事业，成了一名杰出的木匠。他的作品不仅在国内享有盛誉，还远销海外，受到了国际友人的喜爱和赞誉。

每当刘更生提及自己的出生和成长经历时，他总是感慨万千。他说："我出生在北京天坛医院，在鲁班胡同长大，那里有我童年的记忆，是我梦想的起点。是那里的匠人精神和家族传承让我成了一名出色的木匠。"

北京市决定对两广路进行改造时，鲁班胡同也面临拆迁的命运。在拆迁过程中，人们意外地发现了那块遗失多年的"鲁班祠碑"。碑身完好，碑文上清晰地刻着"重修仙师公输祠碑记"，记录着光绪六年（1880年）二月初十至六月十八重修鲁班祠的历史。

得知这一消息后，龙顺成作为胡同里的一家老字号木器厂，积极与文物保护部门协商，希望将"鲁班祠碑"迎入店内予以妥善保护。经过不懈的努力，2003年，他们终于将这块珍贵的石碑安放在店内最醒目的位置。

"这'鲁班祠碑'，见证了我们木匠的荣耀和传承。"刘更生凝视着石碑上的文字，心中充满了敬意和自豪。

2009年5月，为了更好地保护这块石碑并弘扬鲁班精神，龙顺成特意修建了一座亭子。这座亭子古朴典雅，与周围的木器店相得益彰。每当有人踏入龙顺成，都会被这座亭子所吸引，驻足观看并感慨万分。

对刘更生而言，"鲁班祠碑"不仅仅是一块石碑，更是他童年记忆的象征和父亲教导的见证。他深知自己能够成为一名杰出的木匠，离不开父亲的悉心教导和鲁班精神的熏陶。因此，他决心继续传承工匠精神，弘扬中华优秀传统文化，为更多人制作出精美的家具，让这一传统手艺得以传承并发扬。

如今，鲁班胡同周围已是现代化的住宅楼群与店铺。物换星移，但鲁班的工匠精神与智慧，仍同那些古老的工具一般，历久弥新，继续激励着后人不断前行，在各自的领域中"自力更生，奋发图强"。

如今，刘更生已经成为一名享誉京城的木匠大师，他的故事也传遍了整个北京城。

童年

在鲁班胡同生活的悠长岁月中，刘更生一家被这个充满木匠气息的大杂院紧紧包围。院子中央，一棵老槐树见证了无数的晨昏交替，也见证了刘更生和伙伴们无忧无虑的童年。

"我们这个大杂院里居住着十多户人家，其中大多数是龙顺成的员工，大家彼此间关系紧密，就像是'吃百家饭，穿百家衣'一样。"刘更生说。这个院子在中华人民共和国成立前曾是私人的木工作坊"义成福记"，在公私合营之前，老掌柜的姓张，名秀勤，他的生意做得相当大，后来生意传给了他的儿子张获乾。这家作坊采用了典型的"前店后厂"模式，临街的店铺里，各式各样的家具琳琅满目，吸引着过往行人的目光；而店铺背后则是繁忙的车间，木屑纷飞间，一件件精美的家具被精心制作出来。每当晨光初现，就能听见作坊里传来咚咚咚的凿木声，那是张获乾和他的伙计们开始了一天的忙碌。他的生意在胡同里家喻户晓，院子也因此热闹非凡。居住于此的十多户人家，大多与龙顺成有着不解之缘，大家亲如一家，共享着生活的酸甜苦辣。

1956年，公私合营的浪潮席卷全国，小作坊纷纷合并，大杂院也迎来了新的面貌。前店后厂的模式逐渐淡化，取而代之的是龙顺成统一的标志和不同的管理模式。然而，那份对木工手艺的热爱，却像老槐树的根一样，深深扎进了每个人的心里。

刘更生的童年是在与小伙伴们的欢声笑语中度过的。他与小伙伴们一起在胡同的每一个角落寻找快乐。打陀螺时，陀螺的旋转声仿佛能穿越时空，拍三角、做弹弓、捉迷藏，这些简单的游戏，也能在他们心中激起层层涟漪。夏日午后，阳光透过树叶的缝隙，洒在平房的屋顶上，他们便相约爬上屋顶，享受微风拂面的凉爽。

"刘更生，你敢从这边跳过去吗？"小伙伴指着不远处的另一片屋顶，挑衅地喊道。刘更生毫不示弱，深吸一口气，迈开步子，一跃而起，稳稳地落在对面，引来一阵欢呼。突然，一个声音吸引了大家的注意。

"快来看我们发现了什么！"

刘更生跟着院子里的几个孩子来到一棵无花果树下。树上挂满了青绿的无花果，果子虽未成熟，却已散发出诱人的香气。几个小伙伴相视一笑，心照不宣地开始了他们的"秘密行动"。他们踮起脚尖，伸手去够那些诱人的果实。

当然，淘气的行为总是要付出代价的。有一次，他们为了捉弄邻居王大爷，偷偷在他家的门把手上涂了一层薄薄的胶水。结果，王大爷开门时手被胶水粘住，他一脸愕然，随即大声斥责了他们几句。刘更生的父亲得知此事后，脸色一沉，把他叫到跟前："更生，做人做事要有分寸，不能随意捉弄别人。"

刘更生低着头，心里既后悔又害怕，但更多的是对父亲教诲的深刻理解。

淘气之余，刘更生也常跟着大人们学习木工手艺。随着公私合营的推进，大杂院逐渐演变成龙顺成的家属院和仓库区。刘更生常常站在一旁，静静地观察着大人们忙碌的身影。在库房内，各式各

⊙ 刘更生（左一）小时候与家人的合影

样的家具堆积如山，空气中弥漫着淡淡的木香，那是他童年记忆中最独特的味道。老师傅们熟练地凿孔、刮刨、拉锯，每一个动作都透露出匠人技艺的精湛。尽管彼时的刘更生对这些复杂的工艺尚不理解，但那份对未知世界的好奇与向往，总是驱使他忍不住凑上前去，模仿大人们的动作，大人们也总是嘱咐他要爱护工具。有一次，他鼓起勇气，拿起一块小木块，模仿大人的样子，小心翼翼地用刨子刮去表面的粗糙。虽然动作笨拙，但那份专注与认真却让在场的木匠师傅们纷纷投来赞许的目光。

尽管刘更生的年龄与姐姐和哥哥相差较大，但是他并未感到孤单。他总能找到同龄的伙伴，一起在胡同里探索、嬉戏。刘更生和他的童年伙伴们，在这片充满欢声笑语与工匠气息的土地上自由奔跑，享受着无忧无虑的童年时光。而他们的父母，则在一旁忙碌着各自的活计。

这天，父亲正在做手中的工件，刘更生则在院子里和小伙伴们追逐打闹。"更生，来爸爸这儿。"父亲放下手中的工件，招手示意他过来。

刘更生闻声，立刻像只欢快的小鹿蹦跳着跑到父亲身边，仰头望着父亲那张布满岁月痕迹却依旧坚毅的脸庞，眼中闪烁着好奇与兴奋的光芒。

"爸，您又在做啥好东西呢？"刘更生好奇地问道。他的小手不自觉地想要去触摸那些还未完成的木器，却被父亲轻轻拍开。

"这是给一位重要客户制作的定制品，咱们做手艺的，可不能马虎。"父亲笑着摸了摸他的头，语重心长地说，"你得记住，无论做人还是做事，都得踏踏实实，一步一个脚印。学好不一定能有多么大的作为，但学坏可就毁了自己的前程。"

⊙ 1956年，龙顺成木器厂硬木工段工匠参加竞赛的合影（前排中间为刘
更生父亲刘宝勤）

　　母亲在一旁接过话茬，温柔地补充："对，更生，你爸爸说得对。你长大了，也要像你爸爸一样，做个有手艺、有德行的人。"

　　当时的刘更生或许还不能完全理解父母话语中的深意，但他能感受到那份沉甸甸的期望与爱意。他重重地点了点头，心里暗暗发誓，一定要成为让父母骄傲的孩子。

　　"更生，要记得我跟你说的，做人做事，一定要脚踏实地，知道吗？"刘更生的父亲在忙碌之余，总会拉着儿子，语重心长地叮嘱几句。在他的眼神里，既有对儿子的疼爱，也有对未来的期许。

　　"嗯，爸，我记住了。"刘更生也总会仰起头，用那双充满好奇的眼睛望着父亲，小脸上写满了认真。他知道，父亲的话，都是为他好。而刘更生的母亲则在一旁温柔地笑着，她的目光在父子之间游移，心中充满了满足和幸福。

　　在鲁班胡同的大杂院里，刘更生不仅收获了童年的快乐与纯真，更懂得了担当。那些与伙伴们一起度过的日子，简单而纯粹，充满了无尽的欢笑与梦想。如今，每当回想起那段时光，刘更生的心中总会涌起一股暖流，那是属于他的，最宝贵的童年记忆。

上学

　　刘更生七岁了，到了上学的年龄，爷爷来信说要把他接回河北老家。

　　当时他们家在北京没有户口。爷爷坚持认为老家有房有地，足以维持后辈的生活，因此坚决反对他们在北京落户。

一个傍晚，全家人围坐在一起吃晚饭时，父亲宣布了这个消息："更生啊，你爷爷来信了，你得回老家上学了。"

"妈，我为什么不能在北京上学呢？"听到这一消息，刘更生心中涌起一阵失落与不解，他抬头望向母亲，眼中满是疑惑。

母亲轻轻抚摸着他的头，眼神中闪过一丝无奈与不舍："更生，这是爷爷的决定。他担心我们在外漂泊不定，希望你能回老家。但别担心，等你放假了妈妈就会去看你。"

那年的夏天，父母带着刘更生回了老家——河北省南宫县南杜村（现南宫市南杜街道）。

坐在颠簸的车上，刘更生望着渐渐远去的北京城，心中涌动着难以言表的情感。一路上，他望着窗外飞驰而过的风景，心中默默许下承诺：总有一天，他要带着自己的成就回到北京，让父母为他骄傲。

刚回到河北农村老家，刘更生立刻感受到了城乡之间的巨大差异——这里没有北京的璀璨街灯，取而代之的是乡村夜晚的漆黑一片。

"我不想上学，这里太黑了！"

刘更生的小手紧紧抓住母亲的衣角，他哭喊着，试图抗拒这个突如其来的变化。家人虽心急如焚，却也深知这是孩子适应新环境的必经之路，只能耐心地进行劝导。

刘更生的父母在老家住了几天后，要返回北京，刘更生则要留在村子里。离别的时候，刘更生紧紧抱着母亲，泪水在眼眶里打转。

"妈，我会想你们的。"

"妈妈也会想你，更生。你要好好学习，听爷爷奶奶的话，做个好孩子。"母亲边说边为他整理衣襟，眼中满是不舍。

夜晚的乡村里，煤油灯微弱的光亮虽然温暖，却无法驱散刘更生心中的恐惧。刘更生蜷缩在角落里，回想着北京灯火通明的夜晚，心中充满了对过去的怀念和对现状的无奈。

随着时间的推移，他内心的抵触情绪并未减弱，反而因夜晚的黑暗而愈发强烈。这时，家族中一位严厉的哥哥被请来对他"管教"。

"更生，你必须上学，这是你的责任！"

哥哥的话语中透露出不容置疑的坚定，但当刘更生再次固执地摇头时，哥哥终于忍不住，轻轻拍打了他的肩膀几下，眼中满是心疼。

"因为不想上学，我也挨过打……"煤油灯下，哥哥的话语显得格外沉重。刘更生第一次意识到，每个人在成长的路上都有自己的不易。

1972年，刘更生步入小学一年级的课堂。刘更生的家在学校的北边，距学校大约一千米。每天上学，他都是跟着哥哥姐姐或是街坊邻居的孩子们一同前往。由于大人们都忙着干农活儿，无暇接送孩子，因此，通常是年纪稍大的孩子带领着年幼的弟弟妹妹们去学校。

上学的日子并不轻松。刘更生回忆起当时的艰苦条件，至今仍历历在目。"和如今窗明几净的学校不同，那时的南宫小学是比较简陋的土坯房，四处漏风，学习环境十分艰苦。学校没有配备桌椅，村里的小孩上学都是自己带课桌板凳到学校。到了20世纪70年代时，村里还没有通电，学生们需要自己制作煤油灯。找一个瓶子，把瓶盖钻孔安装气门嘴，浸油点上灯芯，微弱的火光下，我们便在昏暗的灯光中学习。"刘更生回忆道。

对于上学，刘更生坦言自己当时并无太大兴趣。在学校的时候，他属于比较淘气的学生，孩童的天性使他常常无拘无束地玩耍，加之当时对教育的忽视与资源的匮乏，更让他难以对学习产生兴趣。但每当他试图逃避上学时，总会迎来一通说教，有时还会挨打。后来，刘更生逐渐明白，学习虽苦，但这是每个人成长路上不可或缺的一部分。

有时候，学校会邀请几位农民给学生讲忆苦思甜的故事。

"记得那时候开设了劳动课，课程内容就是参与劳动，比如捡麦穗。我记得特别清楚，我们跟农民们一起劳动，他们一边工作，一边向我们讲述过去生活的艰辛，常常吃不饱饭，然后让我们亲身体会那种困苦。"刘更生说。

作为家里的儿子，刘更生除了挑水，还需要种地、挖粪坑、清理猪圈、运送肥料、拉车等。一天下来，肩膀被绳索磨破是家常便饭，但这些日复一日的艰辛却悄然间锻造了他坚韧不拔的性格。他学会了吃苦耐劳，明白了生活不易，懂得了珍惜与坚持。

放学之后，刘更生和小伙伴们会一起背着大背篓去割猪草，为家里的羊和猪准备过冬的饲料。背篓几乎和他们的身高相仿，装满草料后格外沉重。有时候，草砍得太多，背篓背不起来，他只能蹲在地上，请求小伙伴帮忙拉起来。而那些偷懒的孩子，虽然也去割猪草，但玩心太重，等到回家时只割了半筐，还用木棍撑起假装满满一筐。这样的小伎俩自然瞒不过大人们的眼睛，换来的往往是一顿责骂。

刘更生自幼便深知一个道理："不勤无以成事。"因此，他每次割猪草都非常认真，砍得特别多，确保家里的羊和猪都有足够的食物。看着牲畜长得膘肥体壮，他心里充满了成就感。同时，他也明白了做任何事情都要认真对待。

在农村的劳动经历对刘更生的影响很大。他回忆道："我亲身经历过那个相对落后的年代，那时的学习条件艰苦，生活条件也远不如现在。这些经历塑造了我吃苦耐劳的性格，并让我懂得了勤俭节约的重要性。如果你没有经历过那段日子，你可能难以想象以前的日子有多苦。"尽管刘更生的童年充满了艰辛，但正是这些经历，让他变得更加坚强和成熟。如今，每当回忆起那段时光，他都万分感谢那些日子给予他的宝贵经验。

在那个年代，农村地区没有电视，每当过年或遇到重大节日、事件时，村里就会请放映队来放电影。电影不常放，一年也就那么几次。

电影一般在村里比较宽敞的地方放映，有时是在过去打粮食的场地上，有时是直接在马路上，抑或是在村里的某个宽敞区域。每当放电影时，放映队的人会临时挖两个坑，将两根结实的木桩插入其中，再拉起一块洁白的幕布作为临时的银幕。放电影前的准备工作就完成了。夜幕还没降临，但全村男女老少都搬着凳子去占地儿了。

"我们那时候，村里一年到头也放不了两三次电影。有时候周围村子会放映，一听说哪个村子要放电影，我们就会去打听放什么片子，像《平原游击队》这类我们没看过的影片，我们就赶紧去观看。不管多远，我们都走着去，就为了看场电影。"

那时候放映的影片多为历史题材和战争题材，比如《红灯记》《闪闪的红星》《地雷战》《地道战》，以及一些宣传劳模精神的影片，比如介绍铁人王进喜的故事，提倡"工业学大庆""农业学大寨"的内容。这些影片不仅为刘更生打开了通往历史的大门，更点燃了他心中那炽热的爱国情怀。

"通过看电影和学习小学课本里关于黄继光、董存瑞、王进喜这些英雄人物和劳动模范的故事，我学到了很多。"这些故事激励着刘更生不断向上。

此外，刘更生的一位同学还为他打开了另一扇知识的大门。这位同学家里孩子少，家里经济状况相对较好，父母常给他零花钱，他就喜欢用这些钱去买书。

每当攒下几毛钱，他们便会相约前往城里的书店，挑选心仪的书，那份简单的快乐与满足，至今仍是刘更生心中宝贵的回忆之一。

刘更生那时候买过《三国演义》《红楼梦》，还有《平原枪声》以及关于雷锋的故事书。战争和历史题材的书，以及宣传劳动模范先进事迹的书深受刘更生喜爱。这些书以图文并茂的形式，将历史与现实、英雄与平凡交织在一起，让刘更生在享受阅读乐趣的同时，也吸收了充足的精神养分。

1980年12月，刘更生结束了长达八年的校园生活，选择离开学校去学习木工手艺。这段求学经历，虽然充满了艰辛与挑战，但也为他日后的成长奠定了坚实的基础。

扫码解锁
◎群英颂歌 ◎用心琢物
◎以技传世 ◎奋斗底色

第二章　青春年少

学徒

　　从1964年到1985年，龙顺成生产的红木家具主要是面向出口，普通百姓很难买到。由于出口量巨大，龙顺成的生产能力有限，因此在北京的周边地区设立了多个加工点，这些加工点大多设在农村，当时被称为社办企业或乡办企业。每个村会挑选几个人进行管理，这样既能给村里带来一些收入，也能改善村民的生活水平。

　　龙顺成派出了专业的技术人员到这些加工点进行指导，刘更生的父亲刘宝勤就是其中之一。他受龙顺成的指派，在河北省东光县担任技术指导。

　　"更生啊，看你整天对上学提不起劲儿，不如跟着我去学做木工吧。"1980年年底的一天，父亲对刘更生说道。

　　"那学校那边咋办？"当时刘更生还在上初中，听到父亲的话后，眼中闪过一丝兴奋的光芒。

　　"不去了，跟我去学手艺。手艺人到什么时候都有饭吃，虽然可能不会大富大贵，但足以养家糊口。"

　　父亲的话语如同暖阳，照进了刘更生的心房。对于本就不对学习抱有太大兴趣的刘更生而言，这个提议无疑充满了吸引力。回想起帮家里干农活儿的日子，刘更生发现自己其实更喜欢动手实践。因此，他毫不犹豫地接受了父亲的安排。

"爸，那咱们要去哪儿啊？"刘更生跟在父亲身后，眼中闪烁着对未知世界的无限好奇与热切期待。

"去东光县南霞口镇，龙顺成在那里有个加工点，需要我去做技术指导。你随我同去，正好可以学习一些手艺。"父亲的语气坚定。

当时春节临近，刘更生的父亲想先带他去适应一两个月，然后回来过春节。

第二天，刘更生就去学校请了长假。一切准备妥当后，刘更生就背上行囊跟着父亲出发了。

黎明时分，天边还挂着几颗未退的星星，刘更生的哥哥姐姐骑自行车送他们去县城搭车。两辆略显陈旧的自行车，载着他们四人，穿过蜿蜒曲折的田埂路，一两只早起的鸟儿掠过头顶，留下一串串清脆悦耳的鸣叫声。哥哥和姐姐用力地蹬着车，自行车的链条在齿轮间咔嚓作响，刘更生坐在后座，紧紧抓着座椅，感受着来自家人的温暖与力量。终于，在太阳升起的时候，他们抵达了县城车站。县城的喧嚣和繁华与乡村的宁静形成了鲜明对比，车水马龙、人来人往的景象让刘更生感到既新奇又兴奋。下车后，他们匆匆整理好行李，准备先乘坐长途汽车前往山东德州，然后转乘火车前往东光县。

汽车启动后，刘更生望着窗外，想到前一天晚上，母亲整理行李时的叮嘱："更生啊，出门在外，安全第一，万事小心。无论做什么事情都要三思而后行，以免让家人担忧。"儿行千里母担忧，这些话他一直记在心里。

让刘更生去学习木匠手艺是父亲和母亲商量后决定的。除了小时候从北京回老家那次，这算是刘更生第一次出远门。第一次出远门，是跟着父亲一起出去干活儿、学习手艺，刘更生觉得非常开心。他知道，这是一个新的开始。

父母经常在饭桌上谈论当学徒时的艰辛和有手艺的重要性。他们告诉刘更生，多学手艺将来才能有更多的机会，无论遇到什么情况都能有饭吃。那时候农村条件差，吃不饱是常事，所以他们希望刘更生能通过自己的手艺改善生活。

父亲说："做木匠是一个不错的选择，因为木匠的手艺是不会被淘汰的。无论是兵荒马乱的年代还是和平时期，人们总是需要桌椅板凳等家具。而且木匠只要有工具就能干活儿。相比其他需要昂贵专业设备的工种来说，木匠活儿更容易入门。"

当然，学好木匠活儿并不容易，需要付出很多努力和时间。但当时刘更生的想法很简单，只要能掌握木匠手艺，满足基本的生活需求就足够了。

经过三个小时的颠簸，他们终于抵达了德州车站，然后转乘火车前往东光县。那也是刘更生生平第一次乘坐火车，那种新奇感让他至今记忆犹新。

刘更生以前只在电影里看到过火车，每当银幕上火车轰鸣而过时，那份遥远与神秘总让他心生向往，没想到现在他竟然有机会亲身体验。当他坐上火车的那一刻，刘更生感到心跳加速，仿佛即将揭开童年梦想中最神秘的面纱。刘更生既紧张又兴奋，他在心中默念："我终于坐上火车了！"

在火车上，刘更生环顾四周，发现车厢里人特别多，拥挤又热闹。大家都背着大包小包，有的人甚至连座位都没有，只能站着。每个人都像是带着故事的旅人，背着沉甸甸的行囊，有的轻松谈笑，有的闭目养神，还有的紧紧抓住椅背，在拥挤中寻找一块立足之地。这样的场景，虽与刘更生心中幻想乘坐火车的场景大相径庭，却莫名地让他感到很安心。南杜村里很少有人坐过火车，甚至有的人连见都没见过——那时候他们那地方尚未通火车。所以，当刘更生真正坐上火车的那一刻，心中的喜悦和兴奋难以言表。

随着火车缓缓前行，窗外的风景如画卷般徐徐展开，刘更生与父亲并肩而坐，共同享受着这难得的亲子时光。刘更生紧贴着车窗玻璃，望着窗外飞驰而过的田野与村庄，心中充满了对未知世界的好奇与向往。

"更生啊，到了工厂记得要勤奋，多向师傅们学习，和同事们处好关系，最重要的是要守规矩，别给咱家丢脸。"父亲在火车上语重心长地说。

当时刘更生他们乘坐的是绿皮火车，从德州到东光县的行程需要三四个小时。尽管行程时间不算长，但因为火车速度较慢，所以给人的感觉像是过了很久。过了东光县，在南霞口站下车后，他们还需要步行前往加工厂，加工厂就坐落在这个镇的胡集村。

刘更生记得很清楚，当他们到达南霞口镇时，天色已近黄昏。他和父亲扛着行李，沿着乡间小路，穿过树林，走了十多千米才到达胡集加工厂。虽然路途遥远，但刘更生并没有感到疲惫，反而因为即将踏足这个全新的地方而感到兴奋和好奇。

当他们到达工厂时，天色已完全暗了下来。刘更生被安排住在工厂内部的一个大院子里，他记得那个院子很大，有很多房间，其中一部分是工厂车间，另一部分则是敬老院。敬老院里住着一些参加过抗美援朝的老兵以及享受五保待遇的老人等。院子里还种着玉米等农作物，显得生机勃勃。

"刘更生，你先住这儿，过几天再给你安排房间。"管理员说。

"好的，谢谢您。"刘更生点头应允，他的心中既有对未知生活的忐忑，也有对独立生活的憧憬。

第一天晚上，当刘更生真正住在那里的时候，他的心中涌动着一种难以言喻的感觉。刘更生之前一直生活在熟悉的环境中，此刻却置身于这个全新的地方，那种新鲜感让他难以忘怀。尽管这里也是农村，但与刘更生的家乡比，还是有着明显的不同：老家的庄稼比较多，树木相对较少；而这里则是树木繁茂，庄稼相对较少，这样的环境差异让刘更生感受到了别样的乡村风情。躺在陌生的床上，刘更生辗转反侧，窗外的月光透过树叶的间隙，洒下斑驳的光影，四周一片寂静，他的思绪在无边的夜空飘荡，不知不觉间进入了梦乡。

第二天，父亲带着刘更生走进车间，并带他认识了车间里的师傅们。张师傅、郭师傅……他们的名字和面容都被刘更生一一铭记在心。

"从今往后，你就在这里当学徒了。"父亲对刘更生说。

刘更生看到了工作台上父亲早已为他准备好的各种工具。他知道，这一切都是新的开始，他将要面对的是与过去截然不同的生活。

从那天开始，刘更生便开始了他的学徒生涯。他从砍、锯、刨等基本功练起，逐渐掌握了这些基本技巧后，便开始尝试一些简单的工作，如磨刀子等。虽然这些工作看似简单枯燥，但刘更生深知这是他成为合格木匠的必经之路。在这个过程中，刘更生不仅学会了如何制作和使用工具，更学会了如何用心去做好每一件事情。这些宝贵的经验和技能可以伴随刘更生一生，成为他人生中一笔宝贵的财富。

　　刘更生之前未曾真正接触过这些工作，对一切感到陌生，但他坚信，只要愿意去学，用心去做，就一定能够完成这些工作。于是，他开始仔细观察师傅们的操作技巧和方法，试图从他们的每一个动作中汲取经验。在车间里，他花了几天的时间去观察、去学习，也逐渐熟悉了这里的环境和氛围。

　　父亲告诉刘更生："在这里，所有师傅都是你的老师，只要你有不懂的地方，就可以随时向他们请教。"父亲还特别提到了赵师傅，嘱咐刘更生要跟随赵师傅好好学习。"更生啊，你可得紧跟着赵师傅，他手艺高超，是咱们这行的佼佼者。有什么不懂的，尽管问他，别藏着掖着。"因此，刘更生在工作时经常紧随着赵师傅，宛如赵师傅的"小尾巴"，一有机会他就会凑上前去，全神贯注地观察师傅的每一个动作和操作细节，努力从他那里学到更多的技艺。

　　随着时间的推移，厂长和主任也开始给刘更生分配一些基础的任务。这些任务虽然简单，但对于初学者刘更生来说却是一个不小的挑战。刘更生没有退缩，而是勇敢地接受了挑战。他按照师傅们的指导，一步步地完成工序，刚开始他还有些手忙脚乱，慢慢地就找到了感觉，操作也逐渐变得熟练起来。

　　不久后，父亲因工作需要返回北京，留下刘更生一人在胡集加工厂。起初他感到有些不适应，但随着时间的推移，他开始学会了自己照顾自己。

　　刘更生清楚地记得，第一次去胡集加工厂是父亲带着他去的，后来父亲又带着他回了一次老家，教他怎么换乘交通工具。可没多久，父亲就离开了胡集加工厂，只留下他一人在那里工作。在胡集加工厂工作的那些年，刘更生每年都会回几趟老家。除了春节必须回去，还有庄稼成熟的时候，他也会回家帮忙。虽然次数不多，但每次回家他都能感受到家人的温暖，这让他在外面干活儿更有劲儿。

每当夜深人静时，刘更生总会想起父亲那慈祥的面容和深邃的目光，心中充满了感激与思念。他知道，父亲之所以让他来工厂学习手艺，是希望他能有一技之长，将来能够在社会立足。通过父亲朴素的话语和行动，他学到了许多做人做事的道理，在他的心中种下了坚韧与勤奋的种子。

刘更生第一次独自从家前往胡集加工厂的那天清晨，天边还挂着淡淡的月牙儿。母亲早早起床为他准备了早饭和干粮，父亲则在一旁仔细检查着他的行囊，生怕遗漏了什么。家人们骑着自行车，将他送到了县城的车站。临别时，父亲关切地问道："你知道怎么坐车了吗？会不会走丢？"

"我都知道了，你们放心吧。"

母亲紧紧握着他的手，眼里泛着泪光："孩子，路上要小心，记得按时吃饭，别饿着自己。"

父亲则拍了拍他的肩膀，语重心长地说："学习手艺难免吃苦，但也要记住，无论遇到什么困难，家人永远是你最坚强的后盾。"

在德州转乘火车时，刘更生差点儿因为迷路而错过火车。面对熙熙攘攘的人群和错综复杂的路线，他显得有些手足无措。他紧紧攥着那点儿路费，生怕一不小心就弄丢了。刘更生穿梭在人群中，不时地停下脚步询问路人，费了好一番工夫终于找到了前往胡集加工厂的列车。

刘更生很少麻烦别人来接，尽管厂里的师傅会主动问刘更生：

"你什么时候到？告诉我，我去接你。"但那时条件有限，没有手机，沟通极不方便，发电报、写信都非常烦琐，远不及现在一通电话就能解决问题。因此，每次去工厂，无论天气如何，刘更生大多选择步行前往工厂，风雨无阻。这既是因为他不想给别人添麻烦，也是因为通信的不便。而当刘更生每次回家时，厂里的师傅们总是非常热心地骑自行车送他到车站，因为那段路程有十几千米，步行要走很久。

那时候，作为社办企业，工厂的管理相对宽松。刘更生记得，师傅们通常很早到岗，七点多钟就已经开始工作了。这些师傅大多来自当地，他们不仅要完成工厂的工作，还要兼顾着家里的农活儿。有时候，如果家里的农活儿没干完，他们会选择上午先去地里忙活一阵再来上班。但大多数情况下，他们都会按时到岗，开始一天的工作。

由于工厂实行的是计件工资制，所以师傅们的工作时间相对灵活。虽然规定的工作时间是早上七点半到晚上六点，但很多人为了多赚些钱，会主动延长工作时间，为了多做几个工件。这种工作模式既激发了大家的积极性，也保证了生产任务的顺利完成。

在刚开始的几个月里，刘更生主要负责做一些基础工作，如制作工具等，这段时间他并没有收入。随着时间的积累，刘更生逐渐掌握了工作流程和技艺要求，开始参与正式的生产任务，并因此获得了相应的报酬。

当时厂里的工资不是按月发放，而是采用记账的方式，记录下每个人每个月所赚取的工钱。由于吃住在工厂里，且没有额外花费，因此刘更生的开销并不大。每当他需要回家时，厂长会根据他一年中所赚取的工钱总额，给刘更生结算一部分工钱作为路费。

　　记得那次父亲回北京后，刘更生第一次自己回家。厂长给结算的钱不多，除了支付他来回的车费还有些许剩余。刘更生小心翼翼地揣着几十块钱，穿着厚重的棉袄，把钱藏得里三层外三层，生怕有闪失。一路上，他不时地伸手摸摸口袋，确认钱还在。一到家，刘更生就高兴地把那几十块钱拿出来给了父母，告诉他们这是自己赚的。看到父母高兴的样子，刘更生心里别提多满足了。

　　在工厂的日子里，刘更生每天从早忙到晚，尽管收入微薄，但他日常开销也相应较少。他平时吃得最多的就是玉米面，只有到了周日，伙食才会稍有改善，能吃上包子或者馒头。与之相比，家里的小米粥显得特别香。不过，这样的生活也让刘更生更加珍惜和家人在一起的每一刻。

　　1983年初，刘更生结束了在胡集加工厂的学徒生活。那时候，他才十几岁，对很多事都不太明白，但他已经开始懂得要承担责任，勇敢面对困难了。在胡集加工厂的日子里，他吃了不少苦，受了不少累，但这些苦和累都成了他成长的宝贵财富，让他变得更坚强、自信，为他未来成为"大国工匠"打下了坚实的基础。

拜师学艺

　　1983年春天，伴随着春节的温馨与喜悦，刘更生的人生悄然翻开了新的一页。

　　那个春节，家中氛围异于往常，父亲用既充满温情又略带沉重的声音，向刘更生传达了一个重大的决定：

"更生啊，我考虑再三，决定提前退休了。就由你来接替我的位置吧。东光那边，就别再挂念了，我们三月就启程前往北京。"

刘更生闻言，心中涌起一阵惊讶与不解。他从未想过自己会接替父亲的岗位。他轻声却坚定地回应："爸，我在那边的工作虽然辛苦，但每年都能挣些钱，我挺满足的。"

父亲的眼神复杂，既有不可动摇的坚定，也夹杂着难以言表的无奈。他缓缓地解释道："孩子，这是为了咱们全家的未来考虑。现在这样的接班机会难得，一旦错过，可能就再也没有了。"

实际上，父亲之所以选择提前退休，并非因为年事已高，而是出于对子女未来的深切考虑与长远的规划。在那个年代，子女接父母的工作进城，不仅是解决户籍、改善生活条件的捷径，也是许多家庭共同的愿望。

龙顺成的老师傅们，包括刘宝勤在内，虽已在北京扎根，但他们子女的户籍大多还在农村，能留在城里的只是少数。因此，许多父母选择提前退休，以便子女能够进城。正是在这样的背景下，刘更生接替了父亲的工作，来到了龙顺成。

进入龙顺成后，刘更生立刻被这里浓厚的工匠氛围所吸引。他很快就了解到一个不成文的传统：新来的员工都要先在木工车间锻炼一段时间。木工活儿既辛苦又需要高超的手艺，还担负着技艺传承的重任，所以木工车间成了检验新人能力的绝佳地方。在龙顺成，各个车间分工明确，从挑选木材、准备材料，到雕刻、打磨，每个步骤都非常重要，而木工车间更是手工技艺的核心所在。后来刘更生才知道，因为木工活儿太累太苦，很多人不愿意学。尽管工厂拥有制材、配料、木工、雕刻和打磨等多个车间，但仅有三名新

⊙ 20世纪80年代初，刚回到北京的刘更生

人选择了学木工活儿，其余人则选择了其他车间。刘更生就是选择学木工活儿的新人之一，他对此既兴奋又略带紧张。他深知，木工不仅仅是一份职业，更是一种需要耐心和毅力才能传承的技艺。

孙月楼师傅，作为木工车间的主任，对榫卯结构有自己独到的理解，他一锯下去是无须第二锯的，是精准操作的典范。孙师傅以其精湛的技艺赢得了所有人的尊敬。刘宝勤将刘更生引荐给孙师傅，并嘱咐道："更生啊，孙师傅是老前辈，你跟着他好好学，一定能有所成。"孙师傅对刘更生也颇为赏识，欣然收下了这位年轻的学徒。

根据工厂的管理规定，学徒期至少要三年，这是沿袭老一辈的传统——"三年零一节"。所谓"三年零一节"，即学徒们需从最基本的杂务做起：清扫师傅的工作台；清晨提壶打水，为师傅泡上茶水；准备工具，确保一切井然有序。他们还需搬运沉重的材料，这些看似不起眼的活计，实则是对学徒们耐心与体力的双重考验。那时候的老师傅们都是这么过来的，他们说："我们学徒期都是'三年零一节'，你们也必须遵守这个传统，从头开始学。"

学徒期间，他们是有工资的。刘更生刚进厂时，一个月的工资是三十三块钱。在孙师傅的指导下，刘更生开始了他的学艺生涯。

与刘更生一起进厂的另外两个人，他们的经历与刘更生相似，只是他们并未与刘更生在同一个加工厂工作。他们也是"子承父业"，他们的父亲也与刘宝勤从事相同的职业。他们仨是一起进厂的，也都曾在加工厂工作过。但是，还是要按照传统的规矩，学徒期必须满三年。不论之前有没有经验，在龙顺成都得从头开始学。

过去常说"科班出身"，指的就是要经过这样一个系统的学习

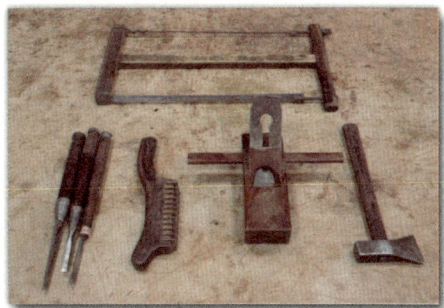

⊙ 刘更生使用过的木匠工具

过程。

"工欲善其事，必先利其器"，所以学徒们首先要制作自己的工具，包括斧子、刨子等。对于那些市场上能购得的特殊工具，他们也需要亲自制作。尽管这个过程充满艰辛，但它却是掌握技艺的必经之路。

做好工具后，刘更生迫不及待地开始了练习。他搜集了一些废旧的木料，手持锯子，深吸一口气，尝试着锯切。师傅则站在一旁，目光锐利，仔细观察他的每一个动作。"锯得直不直？""姿势对不对？"师傅的每一个问题都像是一把精准的标尺，帮助刘更生不断调整和提升自己的技艺。

除了锯木头，刘更生还需要掌握其他基本功。磨刀、伐锯……这些看似简单的操作，实际上需要极大的耐心和细心。刘更生记得有一次用刨子时，刨完后，木头的表面依然粗糙不平，让他感到很沮丧。但师傅的忠告让他铭记于心："慢工出细活儿。"

于是，他一遍遍地练习，直到手掌磨出了茧子，直到那木面变得如镜面般光滑。

在日复一日的练习中，刘更生逐渐掌握了用刨子、拉锯等基本功。这些操作看似简单，却都是他日后成为优秀木匠的基石。每当他回想起那段时光，心中总是充满了感激和怀念。

除了技艺上的提升，刘更生还从师傅那里学到了对家具的深刻理解。师傅会耐心地给他讲解家具的结构、榫卯的连接方式以及整体设计的思路。在师傅的指导下，刘更生仿佛打开了一扇通往新世界的大门，对木工技艺有了更深的认识，他的内心也对木工技艺产生了更深的热爱。

那时候，车间里有三十多名工人，刘更生的父亲跟他说："那些师傅，每个人都有自己的绝活儿。只要你认真学，从每个人那里学一点儿东西，就够你终身受用了。"

刘更生说："老话说得好，'师傅领进门，修行在个人'。学徒时期，师傅不可能事无巨细地教授所有知识。要是自己不上心、不想学，那肯定是学不好的。得自己多琢磨，多用心。以前有的师傅怕教会了徒弟，自己就没饭吃了，所以会保留一些技巧。但现在不一样了，师傅都愿意倾囊相授，只要你问，他都会告诉你。只要你有心学，师傅都会尽力教你，所以你自己要主动求知。"

孙月楼师傅的手艺在业界是众所周知的精湛。他平时对徒弟们都很和气，但干起活儿来，却有着不容置疑的严谨与执着，一点儿都不含糊。他对每一块木料的选择与利用，每一件作品的打磨与抛光，都力求尽善尽美，仿佛他是在雕琢一件艺术品，而不仅仅是完成一项工作。记得有一次，孙师傅亲自用尺子仔细地检验桌面的平整度，那份专注与细致，让在场的所有人都大为敬佩。

不过，孙师傅也有严厉的一面。有一次，刘更生做榫眼的时候不小心损坏了一块优质木料。孙师傅走过来，一巴掌打在刘更生的背上，刘更生愣在原地，脸唰的一下就红了。

"你怎么这么不小心？榫眼做错了，说明你没用心，没有真正理解它。这块木头就这么废了，你知道它有多珍贵吗？"孙师傅的声音虽不高亢，却透露出不容置疑的威严。他告诉刘更生："木料是有生命的，长了几百年才能用，到了我们手里就得好好珍惜。手艺可以慢慢学，但材料浪费了就是浪费了，这块被你弄坏的木料再也找不回来了。"他打刘更生，就是想让刘更生记住这个教训，以后别再轻易浪费材料了。那一刻，刘更生深刻领悟到了"惜木如金"的真谛，也体会到了师傅那份深沉的责任感与对材料的珍视。

从那以后，刘更生干活儿十分谨慎，对每一块木料都倍加珍惜。他和别人一起干活儿的时候，也会提醒他人要珍惜材料。这些变化，孙师傅看在眼里，喜在心里，对刘更生也越来越满意。

在孙师傅的指导下，刘更生学了三年。虽然按照规矩，他要到1986年才能正式出师，但实际上，到了1985年初，刘更生已经能够独当一面，完成高质量的木工活儿了。

刘更生说："我遇到了好师傅，师傅对我的帮助真的很大。如果遇到个不太关心学徒的师傅，那就得靠自己自觉了。无论如何，主要还是得自己用心去学，去琢磨。总之，有了在加工厂打下的基础，再加上师傅的严格要求和训练，自己还是进步很快的。"

一天，孙师傅把大家召集到一起，说："咱们这批徒弟，一块儿入门已经两年了。现在，是时候准备出师了。出师前得考一考，检验一下你们学得咋样，具体考啥先不告诉你们，但你们心里要有数，提前做好准备。"

考试那天，阳光照在院子里那堆挑好的木料上。师傅站在那儿，眼神里既有希冀也有严格，他说："今天，你们就用这些木料，做一把结实的凳子。"说完，大家就开始动手了。

刘更生深吸一口气，目光坚定，他深知这次考试意义非凡。他将提前准备好的工具整齐地排列在一旁，每一件都擦得锃亮，仿佛这些工具也在为这场考试助威。他小心翼翼地拿起一块木料，心中默念着师傅平日里的教诲，每一锯、每一凿都力求精准无误。

空气中弥漫着木屑的清香和紧张的气氛，这场考试对刘更生他们而言，不亚于一场无声的较量。刘更生耳边不时传来同伴们轻微的喘息声和工具碰撞木料发出的细微声响，但他无暇顾及这些，只是沉浸在自己的作品之中，仿佛整个世界都静止了。

随着时间的推移，一把凳子的雏形逐渐在刘更生的手中显现。他抬头看了看四周，注意到同伴们也都进入了最后的冲刺阶段。汗水沿着他的额头滑落，滴在木料上，他没有时间擦拭，只是更加专注地雕琢着每一个细节。

终于，当最后一道工序完成时，刘更生长长地舒了一口气。他站起身，看着自己的作品，心中既有成就感也略带忐忑。他知道，这不仅仅是一把凳子，更是他两年来学习成果的结晶。

然而，当师傅和领导们逐一审视他们的作品时，刘更生才意识到自己的不足。师傅的点评一针见血："你们的手艺虽然已经有了进步，但细节之处尚显粗糙，缺乏那份让传统家具栩栩如生的灵性与艺术感。记住，真正的匠人，是在用心雕刻每一件作品的。"

刘更生听后，心里有点儿不是滋味，但也明白师傅说得对。他意识到，在追求速度的同时，自己忽略了木工活儿中最重要的内容——对品质的极致追求。那一刻，他暗暗下决心，未来要更加严格要求自己，用心雕琢每一件作品。

最终，师傅宣布了成绩及格的人员名单，刘更生的名字赫然在列。此刻他心中的大石终于落了地，脸上露出了灿烂的笑容。这一刻，他不仅通过了考试，更实现了从学徒到成手的蜕变。他感到无比自豪和满足，因为他知道，这是一个新的开始，未来的路还很长，他将继续在木工的世界里探索、学习、成长。

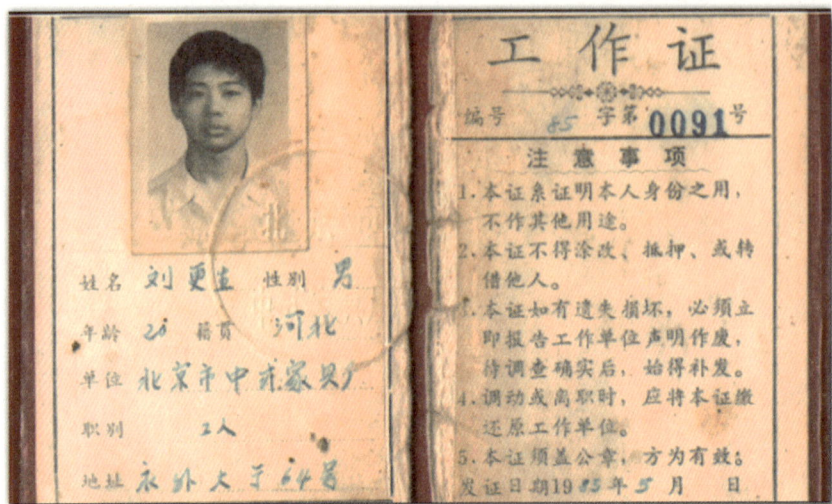

⊙ 刘更生的工作证（1985年）

⊙ 刚参加工作时的刘更生在香山时的留影

第一个重要项目

刘更生回忆道: "自打从师傅那里出师后, 感觉就大不一样了。以前, 不管干啥活儿, 有师傅在旁指导, 心里那种踏实劲儿, 就像是有一座靠山。可这一出师, 自个儿挑大梁, 心里就开始犯嘀咕, 总觉得少了点儿什么, 大概是缺少那份安心的感觉吧。"这一变化对他而言, 既是跃上更高台阶的试炼, 也是自我成长的必经之路。他深知, 要想在工匠这条路上走得更远, 就必须不断磨炼自己, 让技艺达到炉火纯青的境界。

1985年的春末夏初, 刘更生开始正式投入工作。此前, 他们公司主要经营出口家具业务, 但随着市场的演变, 公司的业务重心逐渐从国际市场转向了国内市场。北京这座古老而又年轻的城市, 在改革开放的浪潮中焕发出勃勃生机, 大型酒店、会议中心如雨后春笋般涌现, 刘更生他们也因此有幸参与这些大型重点项目的建设。

20世纪80年代末, 龙顺成凭借其在硬木家具领域的深厚积累和卓越口碑, 成功获得了北京贵宾楼饭店总统套房、多功能厅、四季厅及部分高级客房的中式装饰装修和配套家具的制作工程项目。

1988年, 刘更生跟着师傅参与了北京贵宾楼饭店项目。那是一个浩大的工程, 数千件家具的制作任务压肩, 时间紧迫, 责任重大。

　　这个项目之所以重要，不仅仅是因为它的规模之大，更因为它与北京亚运会紧密相连。1990年，第11届亚运会在中国北京举行，这是中国举办的第一次综合性的国际体育大赛，而北京贵宾楼饭店正是为了接待众多贵宾而建的。因为北京贵宾楼饭店需要在亚运会开幕之前投入使用，所以刘更生他们在分秒必争的情况下，开启了紧张而高强度的工作。

　　"那时候，我们真的是拼了命在干。"刘更生感慨道，"每天从早晨工作到晚上，加班成了家常便饭，有时候连家都顾不上回。"

　　在这个项目中，他们采用传统与现代交融的设计风格，选用名贵木材制作多种家具。整体设计和布置都遵循中国传统文化的规制和理念，力求将中国传统文化的精髓融入每一件家具之中。他们制作的家具种类丰富，有椅子、桌子、柜子、罗汉床、架子床等。每一件家具都凝聚了他们的心血和汗水。

　　由于项目的特殊性和重要性，公司特地从各个车间抽调技术骨干和手艺精湛的工匠，组成专班。刘更生便是这支队伍中的一员，当被领导点名加入时，他心中的激动难以言表。

　　"这是对你的信任，也是对你的考验。"领导的话语简短有力，让刘更生感受到了强烈的使命感。

　　在制作过程中，刘更生遭遇了前所未有的挑战。比如，就产品本身而言，有些产品是他之前从未见过的。这些新产品不仅设计新颖，而且制作工艺相当复杂。一些他之前从未接触过的工艺，这次都需要学习和应用。特别是一些具有独特造型的家具，它们的线条流畅优雅，但制作起来异常烦琐。刘更生需要不断调整和改进制作方法，才能确保每一件家具都能被完美地呈现出来。

⊙ 刘更生（左三）参加龙顺成团建（20世纪80年代）时留影

⊙ 刘更生（后排左二）参加龙顺成团建（20世纪80年代）时留影

"那时候的日子，是苦中带甜的。"刘更生笑着回忆道，"尽管工作十分劳累，可每当看到那些精美的家具在自己手中诞生，心底涌起的那份成就感，足以让我忘却所有疲惫。"

在应对一个又一个挑战和困难的过程中，刘更生的技术水平逐步提升。他学会了如何更从容地应对未知的难题，也迅速掌握了新的工艺和技巧。

1990年9月22日，备受瞩目的北京贵宾楼饭店开业了。它不仅承担起北京亚运会指挥部酒店的重要职责，更一举成为北京的一张崭新名片。时任国际奥委会主席萨马兰奇等贵宾对它赞誉有加。清朝最后一位皇帝溥仪的弟弟溥杰，也为它题字："昔日帝王宫，今朝贵宾楼"。而刘更生和他的队友们则默默站在幕后，共享着这份属于他们的荣耀与骄傲。

看门和买书

在1991年到1992年期间，刘更生所在的工厂迎来了前所未有的变革浪潮。随着改革开放的春风越吹越盛，全国上下都投身于搞活经济的热潮中，刘更生所在的工厂也不例外。工厂毅然决定迈出勇敢的一步——调整生产结构，对原有的生产车间进行改造，腾空厂房并出租用作商场。如此一来，他们就需要建造新的厂房来满足生产需求。然而，计划常常赶不上变化，由于新厂房的建设筹备仓促，出现了一段"空窗期"，工厂的生产不得不按下暂停键。

那个时候，工人们面临不同的安排。有的选择回家待岗，静候工厂的安排；有的则被调往后勤部门，承担起搞卫生、看门值班等工作。

一天，领导走到刘更生跟前，拍了拍他的肩膀说："更生啊，如今厂里情况你也清楚，我打算让你先去守大门，你看怎么样？"

刘更生抬头看了看领导，愣了一下，但很快就笑了："行啊领导，没问题。看门就看门呗，反正都是给厂里出力。我知道厂里现在困难，等过了这阵子，咱们还得一起干大事呢！"

领导听后也笑了："我就知道你能理解厂里的决定。放心，这只是暂时的。等新厂房完全建好了，咱们厂还得靠你这样的老手来带动生产呢。"

刘更生摆了摆手："只要能为厂里出力，让我干啥都行。再说，守大门也挺好，清闲点儿还能多想想怎么提高生产效率呢。"

就这样，刘更生被领导安排去守大门。虽然这与他原本的工作大相径庭，但他还是欣然接受了。因为他知道，这只是暂时的，等新厂房建好后，生产就会恢复正常。

那段看门的日子持续了七八个月，成了刘更生生活中一段别样的插曲。值完夜班后，刘更生白天便有了闲暇时间去做自己喜欢的事情。他常与三两好友相约，穿梭于信托店、古玩城等地。潘家园市场在当时可是北方赫赫有名的大市场，在全国都颇具影响力。这里不仅有来自天津、河北等北京周边城市的卖家，还有安徽、四川、辽宁等地的卖家，纷纷带着自家的老物件前来交易。有卖古玩的、卖家具的、卖瓷器的，还有摆地摊卖书的，各类商品五花八门。刘更生他们经常能在这见到不少真正的老物件、好东西，从中也学到了很多知识。除此之外，他们还会去博物馆、商店逛逛。逛地摊的时候，刘更生发现有不少卖书的摊位，于是他就专门寻觅那些介绍家具、木材的书籍来看。有时候，看到喜欢的书就会停下脚步，蹲下来仔细翻看。

有一回，在一个摆满旧书的地摊前，刘更生的目光被一本介绍中国古典家具的书籍牢牢吸引住了。身为木匠，他知道不断学习的重要性，当下就觉得这本书极具价值。

"老板，这本书怎么卖？"刘更生问道。

"180块钱，不讲价。"老板淡淡地回答。

刘更生心里咯噔一下，这个价格确实有点儿高。他转头看向身边的朋友，朋友也是一脸惊讶。要知道，在那个年代，刘更生的月工资也不过几十元，这几乎是他两个月的收入了。

刘更生回忆起刚进厂的日子，1983年的时候他的学徒工资是每月33元，到1985年涨到了每月38.61元。再到后来厂里实行分级工资制，凭借自己的努力，他从一级工晋升为六级工，工资加上奖金，每月能有近百元的收入。可即便如此，这本书对他来说仍是价格不菲。

"这书是好书，但价格也不低啊，你考虑清楚了吗？"同事问道。刘更生对那本书爱不释手，但面对高昂的价格，他陷入了纠结，既渴望拥有，又心疼钱包。他站在书摊前，目光在书页与价格标签间来回游移，内心进行着激烈的思想斗争。

"老板，这本书能不能便宜点儿？我真的很喜欢它。"刘更生尝试着与老板商量，语气中带着一丝恳求。

老板笑眯眯地摇了摇头，似乎早已看穿了刘更生的心思："小伙子，这书可是个宝贝，价格已经很公道了。"

刘更生没有放弃，他开始和老板聊起了天，从书的内容聊到出版的年代，再聊到市场的行情。一番软磨硬泡下来，老板的脸上终于露出了一丝松动的神情。

"看你这么诚心，这样吧，一口价，150块钱，不能再少了。"老板的话音刚落，刘更生心中一喜，虽然这个价格还是很高，但已经比之前便宜了不少。

刘更生转头看向一旁的朋友，朋友也向他投来了鼓励的目光，朋友之前虽然劝过他别冲动行事，可此刻也清楚这本书对刘更生的重要性。他们都明白，有些东西一旦错过，可能就再也找不到了。因为之前他们就遇到过类似的情况，看到一件喜欢的小物件，当时没买，结果下次再去，就已经被别人买走了。刘更生深吸一口气，从口袋里掏出钱，数了又数，最终递给了老板。

在回家的路上，刘更生紧紧抱着那本书，仿佛怀中的是一件稀世珍宝。同事在一旁打趣道："看你这宝贝样儿，不知道的还以为你买了什么金银财宝呢。"

刘更生笑了笑，没有多说什么，心里那份满足和喜悦却是显而易见的。他知道，这不仅仅是一本书，更是他开启知识海洋大门的钥匙，是自己对提升技艺的不懈追求。

回到家后，刘更生的爱人看到他花了这么多钱买了一本书，确实有些不悦。但看到他那副如获至宝的样子，也就不再多说什么了。她深知刘更生对工作的热爱和执着，也明白这本书对他的重要性。于是，她轻轻地拍了拍刘更生的肩膀，温柔地说："你喜欢就好，不过以后可得注意着点儿，日子还得过呢。"

刘更生笑着点了点头，心中充满了感激和幸福。他知道，只要有家人的理解和支持，无论前路多么坎坷，他都能勇往直前。

入党

从小，刘更生就听过"铁人"王进喜的事迹。王进喜团队不仅创造了年进尺十万米的钻井纪录，更为我国石油事业铺就了坚实的基石。他的身影，如同中国工业战线上的一面鲜红旗帜，永远飘扬在刘更生的心中。那句"宁可少活二十年，拼命也要拿下大油田"的誓言，更像火种，点燃了刘更生内心对奋斗与奉献的无限向往。

刘更生的内心深处一直藏着一个神圣的梦想——成为一名光荣的共产党员。步入工作岗位后，身边的党员同志不畏艰难、勇于担当的精神更是让他对党的信仰与追求越发坚定。

这份强烈的入党愿望，成为他不断精进技艺、勇于挑战自我的强大动力。刘更生时刻提醒自己："要成为一名党员，必须以实际行动诠释党的宗旨，勤勉工作，无私奉献，为集体的发展贡献力量。"

在忙碌的工作之余，刘更生始终不忘回馈集体，他主动参与公司锅炉房的改造工作，亲手制作更衣柜、浴室板凳，努力为同事们营造更舒适的环境。同时，他积极参加各项活动，主动承担义务劳动，用汗水书写着对集体的深厚情意。他不断学习先进典型，努力自我提升，力求在思想上和行动上，都能与党组织保持高度一致。在车间里，他严格遵守规章制度，从未出现过迟到早退的情况，还经常超额完成工作任务，其出色的表现赢得了领导与同事们的一致好评。

1989年，公司决定选拔一批积极分子前往人民大会堂参加劳模表彰大会。刘更生有幸入选，对他而言，这不仅仅是一次普通的参会经历，更是一次心灵的洗礼。在大会现场，来自工业、农业、科研等行业和系统的劳模代表，给刘更生带来了极大的震撼。那一刻，刘更生深刻体会到了"三百六十行，行行出状元"的内涵，劳模工匠们的事迹深深鼓舞了他。

受到这些榜样的激励，刘更生更加坚定了自己的信念和追求。1990年，凭借着不懈的努力和突出的表现，他荣获了"青年突击手"的称号，这对他来说，既是荣誉也是责任。此后的数年里，他始终保持着饱满的热情，在自己的岗位上发光发热，陆续获得了"优秀团干部""先进个人"等荣誉，成了同事们学习的榜样。

在刘更生守大门的日子里，新的车间逐渐建成并投入使用。之前，木工车间曾是一个十分热闹的地方，有三十多位同事与刘更生并肩作战。但生产重启后，有的同事抓住了新机遇，转到了其他岗位；有的同事离开了这个部门，开启了全新的职业生涯。面对这些变化，刘更生内心也曾有过波动与犹豫。

一天，领导特意找到刘更生，语重心长地说："刘师傅，你看，现在车间的生产基本恢复得差不多了，你是不是也应该考虑回归岗位，继续施展你的手艺了？"

刘更生试着提出自己的想法："领导，您看大家都在尝试新方向，我也想……"

"别人或许可以转行，但你的经验和技能对车间来说至关重要，你还是得回去。"领导坚定地摇了摇头。

⊙ 上图　1989年，刘更生荣获"建材青年突击手"称号的荣誉证书
⊙ 中图　1990年，刘更生荣获"厂青年突击手"称号的荣誉证书
⊙ 下图　1991年，刘更生被评为"九〇年度优秀团干部"的荣誉证书

就这样，在车间恢复生产的大潮中，刘更生再次回到了他熟悉的木工车间。

1994年深秋的一个清晨，刘更生正埋首于繁忙的工作，突然被领导叫到了办公室。

"刘师傅，有项重要任务要交给你。"领导说。

"什么任务？"刘更生问道。

"去一趟牡丹江。那边有些技术上的问题需要你协助解决，还有些业务上的事情需要去沟通。"领导微笑着说，眼神中满是信任。

面对这份突如其来的重任，虽然刘更生心中对家庭充满惦念，尤其是家中还有尚需照顾的幼子，但领导的信任如同重托，让他无法拒绝。他默默点头应允，心中暗自许诺，定要全力以赴，不负所托。

刘更生一行六人，迎着初升的太阳，坐上了绿皮火车。车厢内人声嘈杂，刘更生却仿佛置身于另一个世界，思绪万千，不禁想起自己第一次坐火车的情景。随着车轮与铁轨的碰撞声，窗外的风景如画卷般缓缓展开，又匆匆掠过。历经漫长的旅程，他们终于到达了牡丹江市。

下车后，他们还未来得及稍作休整，便直奔镜泊湖——去修理家具。沿途虽风光旖旎，刘更生的心却早已飞向了那些亟待"救治"的家具旁。抵达目的地时，眼前的景象让他既震惊又痛心——那些被倾注了无数心血的家具，在不当使用与恶劣环境的双重打击下，显得"疲惫不堪"，仿佛在无声地诉说着种种委屈与无奈。

接下来的几天，刘更生和同事们化身"问题侦探"与"沟通大使"。他们仔细检查每一件家具，精准判断"病症"所在，耐心细致地向对方阐明出现问题并非产品本身存在质量问题，而是在使用和维护的过程中出现了疏忽。他们用自己的专业知识，把误会一个个解开；又用真诚的话语，让双方更理解彼此，更信任彼此。

尽管在修复过程中，刘更生团队遭遇了诸多挑战，如修复材料匮乏，他们不得不远赴福建采购辅料等，但团队的力量让他们一一克服。最终，他们不仅成功修复了家具，还通过现场教学的方式，传授给对方正确使用与保养家具的方法，使双方的关系更加紧密和谐。

归途中，刘更生望着窗外一闪而过的风景，心中感慨万千。这次出差，他虽然遇到了很多不容易解决的事情，但也学到了不少东西。他学会了遇到困难怎么找方法解决，明白了有效沟通的重要性。最重要的是，他明白了作为一名工匠，不仅要具备精湛的技艺，还得有担当精神，善于与人沟通交流。

回到公司后，领导的赞扬和同事的敬佩，让刘更生更加坚定了自己的信念。他深知未来的道路依旧漫长且充满未知，但只要自己心怀信念、脚踏实地地前行，就没有什么能够阻挡自己前进的步伐。而这次牡丹江之行，无疑是他职业生涯中一段难忘且宝贵的经历。

凭借着出色的工作表现与不懈努力，在公司党组织的悉心指导下，刘更生郑重地递交了入党申请书。1995年6月，经过党组织的严格考察与审批，刘更生光荣地成了一名共产党员。入党之后，刘更生初心不改，更加积极地投身工作，主动承担急难险重的任务，以身作则，在车间内为他人树立了良好的榜样，激发了大家相互学习的工作热情，赢得了各方面的广泛好评。

20世纪90年代，是充满机遇与挑战的黄金时代。首都北京发展态势迅猛，日新月异，大型建筑、高档餐厅和重要活动场所建设需求急速增长，刘更生所在的单位也紧跟时代步伐，承接了许多家具制作项目，其中最为人瞩目的便是北京全聚德帝王厅项目。这个项目规模宏大、设计精美，旨在打造一个融合中国传统文化韵味的高端接待空间，让每位到访的宾客都能感受到那份独特的尊贵与高雅。

"记得那是1999年到2000年间的事儿。"刘更生回忆起那段时光，"那时候，只要电话铃一响，就知道又有大项目找上门了。"

每当这些大项目立项，负责人总会第一时间与龙顺成联系。龙顺成则迅速响应，由业务部门细化任务后，分配到各个部门和人员手中。排产规划是首要任务，核心在于确保生产周期和时间表明确无误。从设计构思到备料，再到精细制作和最终验收，每一个环节都紧密相连，如同精密仪器中的零件，协同运作，形成了一个高效有序的生产体系。

木工车间内分工明确，人员各司其职。选料、制材、打磨、烫蜡……每个环节都有专人负责。没有固定的流水线作业，只有灵活协作与默契配合。大家根据生产安排灵活调整工作重心，有时集中制作桌子，完成后又迅速转向制作椅子等其他家具。这种灵活性和团队协作精神为生产任务的高效完成提供了保证。

至今让刘更生记忆犹新的是帝王厅内的家具，每一件都尽显皇家风范。从威严庄重的宝座到大气磅礴的屏风，再到精致典雅的餐桌餐椅，无一不选用名贵的花梨木制作。家具上雕刻着中国传统图案，尤其是那栩栩如生的龙纹装饰，更是将中国文化的精髓展现得淋漓尽致。

"帝王厅的设计灵感深深植根于中国传统文化的沃土之中。"

刘更生满怀自豪地阐述道，"这里每一件家具的材料，都是我们精心挑选的，这些家具历经无数次雕琢与细致打磨，已然成为一件件杰作。它们不仅具有实用价值，更是蕴含深厚文化底蕴与艺术价值的艺术品。正是这些用精湛工艺打造的家具，构筑了一个既尊贵又典雅，同时又满载文化底蕴的完美空间。"

为了追求空间的极致雍容与华贵，刘更生团队从选材、设计到制作的每一个环节，都力求尽善尽美，不留遗憾。谈及最为引人注目的宝座，刘更生的眼神中闪烁着特别的光芒："那宝座，采用的是优质花梨木，其上雕刻的龙纹栩栩如生，龙鳞细腻逼真，龙眼炯炯有神，那龙仿佛下一刻便能腾云驾雾，翱翔天际。这不仅是对家具制作工艺的极致追求，更是我们对传统文化的一次深情致敬与弘扬。我们不仅仅是在打造家具，更是在传承与发扬那些历经岁月洗礼而愈发璀璨的传统工艺。我们将它们巧妙地融入每一件作品之中，让后世之人也能领略到这份跨越时空的震撼与美丽。"

如今，每当刘更生想起那些他曾亲手打造的家具，心中总会涌起一股暖流。

第三章　修复专家

扫码解锁

◉群英颂歌◉用心琢物
◉以技传世◉奋斗底色

修复学习

2000年，刘更生被调至龙顺成古旧家具修复中心工作。那时，刘更生已经在车间工作十几个年头了，在车间里一直表现十分突出，手艺早就是数一数二的了。有一天，领导找到刘更生，说有个新任务想交给他——去修复那些古旧的家具。

"刘师傅，给你换一个新的工作环境怎么样？咱龙顺成的那些老家具，可都是宝贝。它们有的年纪比你的年龄还大，经历了不少风风雨雨。"领导的话语里透着亲切，"现在，这些家具需要人'照顾'，我们要把它们修补好，让它们重新焕发光彩。"

刘更生一听，心里既激动又不安。激动的是，这是个全新的工作，能学到不少新本领；不安的是，自己从未做过这类工作，不确定能否做好。

"我能行吗？"刘更生轻声问道，眼中闪过一丝犹豫。面对这突如其来的机遇，他知道，从熟悉的木工车间迈向古旧家具修复领域，意味着他要面对巨大的挑战。

"刘师傅，组织相信你。你有精湛的手艺，做事有耐心，又对工作充满热爱，这些都是修复工作者必备的品质。"领导笑了，拍了拍他的肩膀，"再说了，谁也不是天生就会做这个的，慢慢学，总能学会的。"

就这样，刘更生带着几分忐忑与期待，进入了古旧家具修复中心。

在旁人眼中，古旧家具修复中心是令人向往的地方。能亲手触摸历史，为老旧家具延续生命，这不仅是对个人技艺的肯定，更是一种荣耀。而且，这份工作的薪资也比其他工作更为优厚。

周围的同事或羡慕，或感慨："唉，这么好的机会怎么就轮不到我们呢？"他们的言语间，既有对古旧家具修复工作的无限憧憬，也透露出一丝未能参与其中的遗憾。

其实，古旧家具修复中心对他们来说并不陌生，毕竟大家同属一个工厂，只是分属不同的车间。平日里，无论是中午在职工食堂排队打饭，还是饭后短暂的休息时间，他们都有机会听闻这个中心的人与事。

然而，尽管刘更生对古旧家具修复中心的环境有一定了解，但当他真正踏入这里时，才深刻体会到，这里的工作内容与他以往熟悉的木工工作截然不同。在木工车间，他们面对的是原材料，通过加工，制作出一件件崭新的家具；而在古旧家具修复中心，他们要面对的是那些残缺不全、历经沧桑的老家具。这不仅仅是工作性质的转变，更是角色身份的转变——从家具的制作者变成了为这些承载着历史记忆的老家具"看病治疗"的"医生"。

古旧家具修复中心的人员并不多，但这里修复的件件都是老物件。每一件老家具都承载着厚重的历史文化底蕴，有些甚至是价值连城的文物。对刘更生而言，从制作新家具转为修复老家具，无疑是一次全新的挑战。

自从刘更生进入古旧家具修复中心后，他越发觉得自己在很多方面的知识还有所欠缺，仅仅依靠过去制作新家具的经验是远远不够的。毕竟，新家具的款式和类型相对有限，无非就是桌椅板凳、箱子柜子这类常见的家具。但老家具就完全不同了，它们年代跨度大，种类繁多，从明代、清代再到近代，风格流派各异，背后的历史文化也不尽相同。因此，刘更生深感能够进入这个中心工作实属不易，这不仅需要专业技能和知识储备，更需要对历史文化有浓厚的兴趣。要修复好一件古旧家具，光有热情和努力还不够，还需要具备丰富的专业知识、深厚的文化底蕴，以及敏锐细致的观察力。只有这样，才能掌握老家具的构造方式，明确修复方向，让它们焕发出新的生机与光彩。这些挑战激发了刘更生对古旧家具修复工作的热情与执着，他明白这是难得的学习和提升机会，因此倍加珍惜。

刘更生介绍说："每一件待修复的家具，我们都会为其建立一份详尽的档案。我们常把这个过程形象地比喻为给家具重新上户口、办证件。建档的目的，就是要全面、准确地记录下家具当前的状态以及所有与之相关的信息。在建档的过程中，需要通过专业诊断，来确定家具的年代、制作工艺、曾经的用途，甚至了解它曾经的主人。这些信息对于家具的修复工作至关重要，它们就像我们人类的身份信息一样，包含了家具的'出生年代''制作工艺'以及'历史背景'。弄清楚家具的年代，有助于我们了解它所处的历史时期和风格特点；了解其工艺，有助于我们把握其制作技艺和材质特点；知道它曾经的用途和主人，有助于我们更好地理解其文化内涵和价值。就像人一样，每个人出生时都会有出生地、姓名、性别等基本信息。同样，这些信息也构成了家具的'身份信息'，是我们进行修复工作的基础和依据。"

在过去，很多古旧家具由于历史原因而失去了这些"身份信息"。当修复人员面对一堆堆的家具时，往往难以分辨它们的年代和背景。因此，在古旧家具修复的过程中，建立修复档案成了一项至关重要的工作。通过建档，刘更生和团队成员会为每一件家具找回它的"身份信息"，让它们重新焕发出历史的光彩。

在建立档案时，刘更生和团队成员都会细心记录下每件家具的名称、制作材料、是源自皇宫还是百姓家中，还得弄明白上面刻的那些图案都代表着什么意思。这可不是能随便说说的，得靠他们多年积累的专业知识和经验，像医生给病人看病那样，对家具进行全方位的"检查"。刘更生把这套流程形象地比作中医的"望闻问切"：先是"望"，即仔细地观察家具的外观；然后是"闻"，虽然家具不会发出声音，但是可以通过观察家具的材质、工艺来"听"出它的故事；接着是"问"，就是要打听清楚家具的来龙去脉、背后的历史；最后是"切"，亲自动手触摸家具，感受它的质地和做工。一套流程下来，就把家具的基本信息都摸透了。

刘更生对他经手的每一件家具都充满了敬畏与热爱。在正式开启修复工作之前，他总要先将整个修复流程细细梳理，确保每一个步骤都了然于胸。对于家具的鉴定，刘更生从不轻率行事，而是基于对中国家具发展的深入研究和对家具设计造型、材料使用、制作工艺以及雕刻纹饰等方面的全面分析，综合考量后，从而准确地鉴定出家具的年代、用途以及使用者的身份等信息。在建立修复档案的同时，还需要制订详细的修复方案。这个方案需要针对每一件家具的具体情况量身定制，确保修复工作的科学性和有效性。通过修复方案的制订和实施，每一件家具都能得到妥善修复和保护，其背后的故事也得以传承和延续。

在古旧家具修复中心的每一天，对刘更生而言都是一次宝贵的

⊙ 刘更生工作照（2006年）

学习机会。他深知，只有不断学习、不断精进，才能更好地保护和传承这些珍贵的文化遗产。因此，每当遇到新的家具，无论其风格如何迥异，工艺如何复杂，他都能以开放的心态去接纳、去研究，从中汲取经验，丰富自己的知识体系。

透雕凤穿牡丹图案紫檀包厢转桌

在古旧家具修复中心，刘更生和同事们每一次与客户的交流，都如同翻开一本厚重的历史典籍，充满了故事与温情。与往昔在车间默默制作家具的日子不同，在这里，他们不仅是匠人，更是倾听者与守护者，他们用心聆听每一件家具背后的传承故事，以及岁月沉淀下的轻声呢喃。

每当有客人带着饱含故事的家具走进修复中心，修复师们首先会像对待老友般，询问这件家具的"前世今生"。在客人的缓缓讲述中，一个看似普通的凳子，竟能串联起几代人的情感脉络。这样的交流互动，不仅赋予了家具重焕生机的可能，也让修复师们的内心得到滋养，收获了关于家具文化传承与历史演变的宝贵知识。

其中，给刘更生留下印象最深的一件事，是他接待过一位特殊的客人。与往常搬运大件家具的热闹场景不同，这位客人抱着纸箱、提着袋子走进来，仿佛怀揣着沉甸甸的秘密。看到这一幕，刘更生不禁好奇地问："您好，是来修复家具的吗？"

"是啊，师傅，我听说您这儿手艺好，能帮我修个东西吗？"

客人回应道。

"当然可以，您先坐，慢慢说。"刘更生起身，为客人搬来一把椅子，示意他坐下。接着问道，"您的东西是放在箱子里的吗？"

客人小心翼翼地放下纸箱和布袋，轻叹一口气："这东西对我家来说意义非凡。您看，这些都是……"说着，他慢慢打开纸箱，里面是一堆看似杂乱无章的木块，几乎难以辨认出这件古旧家具原来的模样。

刘更生见状，眉头微皱，随即又舒展开来，语气温和地问道："这些木块，是原来家具上的吗？能跟我讲讲它的故事吗？"

客人的眼神瞬间柔和了许多，思绪仿佛回到了过去："这是我爷爷留下来的桌子，小时候我经常趴在上面写作业。后来我们不得不忍痛将它拆散。这一晃，就是几十年……"说到这里，客人的声音有些哽咽。

刘更生静静地听着，不时点头表示理解。待客人情绪平复后，他轻声安慰道："您放心，我们龙顺成做这行这么多年，见过不少类似的情况。只要还有一丝修复的可能，我们都会竭尽全力。"

客人听后，眼中闪过一丝希望："真的吗？可它现在……"

"虽然您的家具保存状况很差，但能够保存到现在已经非常不容易了。我们不能说一定可以修好，但我们肯定会竭尽全力。"刘更生安慰道。

"您看我这东西都碎成这样了，你们真的能拼起来吗？"客人仍然半信半疑。

"您看！"刘更生蹲下身，从工具箱中取出几片相似的木料作为示例，"我们会根据这些碎片的纹理、颜色，寻找最合适的材料进行拼接。虽然过程复杂，但我们会用心去做，尽力让它恢复原貌。"

客人听后，眼眶微红，紧紧握住刘更生的手："那就拜托您了。这不仅仅是一张桌子，更承载着我们家的记忆，也是我对爷爷的一份思念。"

刘更生轻轻拍了拍他的手背，郑重承诺："您放心，我们一定不负所托。"

听到刘更生的承诺，客人的情绪明显好转。当时刘更生是修复中心的副主任，他深知这个任务艰巨。有同事说不应该接这个活儿，面对同事们的疑虑，刘更生坚定地说："人家拿着一件老物件来找我们龙顺成，如果我们连试都不试就直接说修不了，那岂不是砸了自己的招牌？我们作为老字号，有着多年的修复经验，怎么能轻言放弃呢？"

刘更生收下了这些木块，并承诺会尽力修复。尽管他的心中也满是忐忑，但他知道，这是他作为修复师的责任和使命。他要修复的，不只是这些家具的物质形态，更是它们所承载的历史记忆和文化价值。

刘更生在承接了这项艰巨的修复任务后，投入了大量的精力和时间。他首先对所有散落的部件展开详尽的辨识与对比，目的是精准定位每一个木块的原始位置与具体用途。这一过程不仅考验着他的专业知识，更需要他具备高度的专注力与耐心，因为任何细微的疏忽都可能对最终的修复效果产生影响。

在整理阶段，刘更生巧妙运用排列组合的方法，按照从上至下的逻辑顺序，逐一将零散的部件梳理归位。

"你们看，这些木块虽然小，但每一个都承载着故事的一部分。"刘更生拿起一块雕刻着细腻花纹的牙板块，轻轻摩挲着，眼神中透露出对古老工艺的敬畏，"我们要做的，就是把这些故事重新串联起来。"

经过无数次比对与微调，一张圆桌的雏形在他们的巧手下逐渐显现，仿佛时间倒流，这张圆桌重现了往日的模样。

紧接着，他们的工作重心转向了修复档案的建立。这份档案如同一本修复指南，详尽记录了家具的每一个细节，包括现有的部件、缺失的部分、使用的材料、年代考证、工艺特色，以及修复思路和步骤等，为后续的每一步修复提供了坚实的依据。

然而，在拼凑的过程中，一个难题出现了：桌子还缺少关键的部件。此外，桌子的牙板部分也遭受了不同程度的损坏。这些牙板采用了透雕工艺，雕刻着精美的凤穿牡丹图案，但其中几块已经残缺不全，有的断裂成几段，有的则完全缺失。这无疑增加了修复的难度。

在修复中心内，修复团队围坐在圆桌旁，他们的眼神中闪烁着对这项挑战的热情与期待。

"你们看，这紫檀木的色泽，即使经历了岁月的洗礼，依然温润如玉。"刘更生轻轻抚摸着木块，感慨道，"仅凭这材质，就足以想象它当年的辉煌。"

这张圆桌确实非常特殊。首先，它的用料就非同一般，采用的是紫檀木。紫檀木在古代是帝王宫廷专用的珍贵木材，民间极为少见。仅从这一点，便能推断出这张圆桌的主人身份尊贵不凡。

其次，圆桌上的雕刻纹饰独具特色，如松、牡丹等图案相互交织，不仅工艺精湛、栩栩如生，更蕴含着深厚的文化寓意与美好愿景。尤为引人注目的是，龙凤呈祥等宫廷专属符号巧妙融入其中，无疑为这张圆桌增添了许多皇家风范与独特价值，进一步印证了其主人不凡的出身。

然而，这张圆桌的损坏程度相当严重，送到修复中心时几乎已经是一块块的木块了。这给修复工作带来了极大的挑战。

圆桌的独挺柱上雕刻着一个精美的花瓶图案。但是，由于紫檀木的特殊性和稀缺性，如此粗大的柱子显然无法用一整块紫檀木制成。因此，当年制作时工匠们采用了包镶工艺，即将其他材料作为内芯，外层再贴上紫檀木。这种工艺不仅节省了材料成本，还保持了家具的整体美观性和坚固性。

通过深入分析家具的款式、造型与工艺特色，刘更生和团队成员得以洞察这件家具昔日所承载的文化韵味与使用场景。刘更生说："我们不仅要修复它的外观，更要恢复它原有的神韵。这需要我们对工艺有深入的理解，对材料进行精准的把握。"

在修复过程中，每一步都体现着刘更生他们对细节的极致追求以及对整体结构的精准把握。这些木块并不是简单的矩形或圆形等规则形状，而是各具特色的异形木块。这意味着他们无法单纯通过比对尺寸或形状来进行拼接，而必须凭借丰富的经验和细致的观察逐步确定木块的位置和角度。经过反复排列和对比，他们终于找到了这些木块之间的内在联系和规律，并逐步将它们组合成一张完整的圆桌。

在修复流程中，清洗是一个重要的环节。但这里的清洗并不是简单地用刷子刷洗或用水浸泡木块，因为家具上有很多精细的雕刻纹饰，必须格外小心处理。因此他们会采用轻柔的方法，确保这些纹饰在清洗过程中不受损害。

清洗之后，便进入寻找和准备修复材料的阶段。他们会尽量找到与原件相同或相近的材料，特别是那些具有年代感的老料，以确保修复后的家具在材质上与原来保持一致。然后，他们会根据保留的部分进行拓片、制图，并依据这些图纸雕刻出新的部件，以补齐缺失的部分。

经过刘更生和团队成员的不懈努力和精心修复，这张透雕凤穿牡丹图案紫檀包镶转桌终于浴火重生，重现昔日辉煌。它不仅是一件集实用性与艺术性于一身的家具珍品，更是承载了深厚历史文化底蕴的宝贵文物。透过它，我们得以领略古代工匠的卓越才华与非凡创造力，以及那个时代对于珍稀材料的珍视与巧妙利用。其工艺之精湛，设计之巧妙，令人赞叹不已，看着它，仿佛穿越时空，与古人一同感受那份对美的追求与向往。

"这张圆桌独特的旋转设计，不禁让人联想到古代宴席上宾客们围坐一堂、欢声笑语的场景。而与现代电动转桌不同的是，古代的圆桌旋转完全依靠其精妙的结构设计和工匠们的精湛工艺来实现，让人深感敬佩。"刘更生感慨道。

"通过修复这件家具，我们不仅学到了许多传统的工艺，更深刻地领悟到了其中蕴含的文化内涵和符号寓意。这些元素共同构成了这件家具的独特魅力和价值，也让我们更加珍视这份宝贵的文化遗产。"

当时，他们用了七八个月的时间才完成了这件家具的修复工作。当客人来取家具时，目光瞬间被那件"重生"的家具吸引，他先是愣了一下，随即眼中满是难以置信，惊叹道："这简直是妙手回春啊！太不可思议了！"

"这就是这张桌子原来的模样，没想到你们把它复原得这么好。小时候我和爷爷、父亲就是在这张桌子上吃饭、喝茶。"他的眼神中流露出淡淡的忧伤与怀念，"看着它，我仿佛又回到了童年。"

"能帮到您，我们也非常高兴。修复这些老物件，对我们而言，不仅仅是一项工作，更是一种使命。它们承载着太多人的记忆与情感，能让它们再次焕发光彩，是我们最大的荣幸。"刘更生笑着说道。

作为修复师，看到客人如此高兴和满意，他们也感到非常欣慰和自豪。他们的工作不仅是让一件残破的老物件重获新生，更是让它的主人找回了珍贵的回忆和情感。这种成就感是无法用言语形容的。当客人看到被修复得近乎原样的物件后，他们所表现出的喜悦和激动，是作为修复师最感欣慰的。

客人紧紧握住刘更生的手，感激之情溢于言表。

"谢谢你们，谢谢。是你们让我找回了那些珍贵的回忆，这份礼物，对我来说，比任何物质财富都要宝贵。"

"看到您如此满意，我们所有的努力都值了。"刘更生诚恳地说。

他们深感自己所从事的工作意义非凡，因为修复古旧家具不仅仅是在修复一个物件，更是在传承一种文化，一段记忆和一份情感。刘更生团队让老物件"起死回生"，这不仅恢复了老物件的使用价值，使其能够继续服务于他人，更是赋予了它新的生命，让它得以继续承载那些美好的记忆和动人的故事。

文物修复中的几件小事

在龙顺成，有一个专门存放古旧家具的库房，那里堆积着成千上万件老家具和老部件，其中大部分是零散的老部件，它们堆积如山。

2008年，刘更生在整理龙顺成老料库时，意外地发现了一些零散且有特点的家具部件。虽然数量不多，但刘更生在仔细审视这些部件后，凭借家具上残留的工艺痕迹和整体造型特点，判断出这些部件原本属于一把椅子，而且这把椅子与常见的椅子有所不同，是一把设计独特的躺椅。经过查找资料和反复研究，刘更生确定这是"清代红木躺椅"的部件。

这把躺椅的设计非常精妙，它由两大部分组成：一部分是带靠背的椅子，另一部分是一个可以灵活抽拉的小凳子。当这个小凳子被抽出时，人能够舒适地躺在椅子上面。当时，刘更生仅找到了椅子的部件残片，但通过对其设计造型的细致分析，得知这把椅子具有滑动抽拉的功能，并且拥有两层扶手。正是这些结构特点，帮助他确定了这件家具的形制。

随后，刘更生循着这一线索，开始寻找相关的资料和材料。经过不懈努力，他最终找到了与自己判断相契合的资料。在搜集到足够的资料后，刘更生展开了复原工作。他依据现有部件的形状与功能，仔细考量，逐一复原了缺失的头枕、靠背、扶手及拉凳等部件。经过三个多月的精心雕琢与拼接，一把完美复原的清代红木躺椅展现在世人面前。它线条流畅，比例和谐，每一处细节都淋漓尽致地展现出清代家具的精湛工艺与独特韵味。

如今，这把修复如初的躺椅被静静地安放在博物馆中，成为连接过去与现在的纽带。刘更生站在躺椅旁边，满含深情地说："这次修复工作，不仅是我个人技艺的呈现，更是对传统文化的一种致敬与传承。它让我深刻体会到，我们只有真正掌握并尊重这些古老的知识与技艺，才能让这些珍贵的文化遗产得以重生。"

"我觉得从事修复工作非常有意义。如果不修复这些家具，它们就只是一堆堆放在库房的无用木头。要是遇到不懂的人，可能还会直接拿去当柴烧，或者因为觉得木头材质好，就做成珠子之类的手工艺品，那就太可惜了……如果没有掌握这些知识，又缺乏丰富的经验，见到这个物件，可能根本不清楚它是用来干什么的，更不用说去修复它了。所以，当我能够识别并成功修复它时，内心还是比较满意的。有人问我，'你怎么一看就知道了？'我回答他们，'我是通过它的设计和工艺，判断出它的形制，然后查找相关的专业书籍和资料进行对比，结果果然和我预想的一样，二者完全相符。'"

对于修复古旧家具的未来，刘更生有着自己的坚持与愿景："我们不会将修复好的家具用于销售，而是让它们作为博物馆的永久馆藏，得到妥善的保护。同时，我们还会开展复刻工作，让更多人有机会收藏、使用并领略到这些古老家具的魅力。我相信，通过这样的方式，我们能够更好地传承与弘扬中华优秀传统文化。"

其实，在刘更生修复古旧家具的工作中，还发生过很多特别的故事。

记得有一次，一位特别的访客提着一袋沉甸甸的物件踏入店门，神色中带着几分期待与不确定。"师傅，麻烦您给瞧瞧，这袋子里装的是什么宝贝？"他边说边递过袋子，从他的神情中明显能看出，他对自己的这件藏品心存疑惑。

刘更生双手接过袋子，轻轻解开，目光专注而仔细地在物件上反复流转，随后语气沉稳十分笃定地告知对方："依我看，这是一件红木材质的凳子。"话音未落，访客就发出一阵质疑："不对吧，我之前问过别人，人家说是黄花梨的。您怎么说是红木的呢？这肯定不对。"

刘更生凭借自己丰富的行业经验和精准的专业判断，坚定不移地认为那是一件红木的凳子。但客人显然被他人的说法影响了，坚信自己的东西是黄花梨凳子。

"我之前专门找专家看过了，他明确说是黄花梨的。"访客听后，仍心有不甘，接着又强调了一遍。

"那如果您对我的判断存在疑虑，就暂时先别修了，毕竟我只依照自己的判断来处理修复工作。"刘更生回应说。

"行，那我再去找人看看吧。"这位访客想了想，回答道。

"您可以再去找找其他专家。"刘更生提议说。

随后，访客就带着那袋物件离开了。过了一段时间，他又回来了，手里提着的还是那些东西。一见面，他就对刘更生说："刘师傅，您说得对，这确实是一件红木的凳子。"

"您是不是又去找人重新鉴定了？"刘更生笑着问他。

⊙ 刘更生修复古旧家具时留影

"是的。刘师傅，您的眼光真准。我找专家鉴定之后，就立马来找您修复了。"他的话语中透露出几分释然与敬佩。

谈及此事，刘更生感慨道："在这个行当里，会接触到形形色色的人与事。有些人对自己手中的物件并不了解，要么别人说什么就信什么，要么就被一些不专业的意见误导了。而我们的职责，就是凭借专业的眼光，拨开迷雾，还原事物真相。让客户在信任与理解中，感受到修复工作的价值与魅力。"

2015年，刘更生接待了一位特殊的客户，这位客户带着一张历经沧桑的黄花梨方桌前来寻求修复。这张桌子，和许多送到龙顺成的古物一样，保存状况相当糟糕，是被小心翼翼地用绳子捆绑，装进袋子后运来的。

刘更生按照惯例，与客户详细沟通了修复过程中的各项注意事项，并建立了详尽的修复档案。然而，在初步检查时，他敏锐地察觉到了异样，便向客户坦言："您这家具，原本的样子并不是这样子的。"

客户听后显得有些惊讶，解释道："这张桌子可是我们家的传家宝，从我爷爷那辈就传下来了。我父亲现在都八十多岁了，此前我们一直都在使用它。"

刘更生耐心地向客户分析道："您看，这桌子的材质是上等的海南黄花梨，雕刻的螭龙图案也极为考究，展现了明式家具的精湛工艺和艺术魅力。但问题在于，它现在的形态已经偏离了明式家具的标准。"

客户听后，坚持己见："从我记事起这桌子就没改过，您说的不对吧。"

刘更生进一步解释道："您看这桌子的牙板，明显被锯改过，现在这四个位置装的是抽屉。在明代，这样的设计是不存在的。很可能是清末民初时期，有人为了迎合打麻将的风潮，将其改成了麻将桌。或许您爷爷那会儿，桌子有些损坏，找木匠修理时，就顺应潮流做了改动。但这样一来，这件原本极具价值的明式家具，就失去了它原有的风貌和韵味。"

客户听后，若有所思，表示要先回去询问父亲。不久，他带着父亲的答复再次找到刘更生："刘大师说得对，就按您说的修！"

"那就听我的，恢复到它最初的状态，不再设置抽屉了。"刘更生建议。

"好，就听刘大师您的。"

于是，刘更生亲自上阵，将这张方桌一步步恢复到了明式家具的原貌。他精心修补了缺失的梯形牙板，重新雕刻出栩栩如生的纹理。经过一番精心雕琢，这张方桌终于重现了明式家具的典雅与韵味。

刘更生说："在修复文物时，向客人讲述家具背后的故事、普及知识也至关重要。我们要让客户了解工艺背后的历史和文化，这样他们才能真正理解我们工作的价值。我们不仅是在修复一件物品的外观，更是在纠正客户对历史的理解偏差，恢复文物的本真面貌。这也是我们作为修复师的责任和使命。"

"平安故宫"

对于刘更生而言，2013年是他职业生涯中浓墨重彩的一年。这一年，故宫博物院启动了宏大的"平安故宫"修复项目，而刘更生作为龙顺成古旧家具修复中心的负责人，被委以重任，带领团队参与了这个意义非凡的修复项目。

当得知故宫博物院决定对古家具进行修复，并考虑委托外部团队时，刘更生认为这是一个千载难逢的机会。为此他积极准备，不仅深入梳理龙顺成的历史与文化，还亲自整理能够展现龙顺成修复技艺的经典案例，准备向故宫领导展示其团队的实力。

考察那天，刘更生一见到故宫博物院的单院长，就热情地说："单院长，您好！咱们龙顺成和故宫啊，那可是老交情了，渊源深厚。从以前的清宫造办处到现在，这份手艺的传承，这份感情的延续，都是独一无二的。看到这些古家具，就像看到老朋友一样亲切。我们有信心，也有责任，用我们的专业和热情，继续守护好这些国家的瑰宝。"

单院长听了，脸上露出了赞许的笑容，他感慨地说："刘师傅，你说得对。看到你们团队这么用心，这么热爱这份工作，我真的很感动。你们不仅仅是在修复家具，更是在尊重历史、传承文化，这样的精神难能可贵。"

"是啊，龙顺成的名号我们早有耳闻，今天一见，果然名不虚传。"随行的人也感慨道。

随着考察的深入，龙顺成的修复理念和精湛工艺赢得了领导们的高度认可。经过几轮深入调研，考察团最终决定将这项重任交由龙顺成承担。消息传来，刘更生激动不已，他知道，这不仅是对他个人能力的认可，更是对龙顺成的肯定。

随后，刘更生立即行动起来。他组建了一支由技艺高超、经验丰富的师傅组成的团队，并召开了动员大会："这次咱们要给故宫博物院修复古家具，责任重大，但这也是我们展示手艺、传承文化的大好契机。大家一定要鼓足十二分的干劲儿，用心去做，容不得一丝马虎。"

…………

面对前所未有的挑战——修复帝王御用的古家具，龙顺成团队不敢有丝毫懈怠。考虑到文物的特殊性，他们做了周密的安排：让工匠们直接入驻故宫，设立临时工作室，实行"文物不动，人动"的修复模式。此后，每日清晨，龙顺成的师傅们便穿梭于紫禁城的红墙金瓦间，以最细腻的心思和最严谨的态度，为文物拂去尘埃，恢复其往昔风华。

回望这段经历，刘更生深感自豪和满足。他说："承接故宫博物院的修复任务，我们内心深感责任重大，同时也为能肩负起这一光荣的使命而自豪。以往，我们或许只是修复一些老旧家具，但这次能够有机会进入故宫，亲手修复帝王曾经使用过的文物，无疑让我们的工作上升到了一个新的高度。"

刘更生，作为龙顺成古旧家具修复中心的负责人，每当故宫方面遇到技术难题亟待解决时，他总会亲自前往。同时，他还派驻了几名工作人员到故宫，以便随时掌握项目进展情况。

　　项目初期，由于任务繁重，故宫的驻场团队人数较多，刘更生也频繁往返于工厂与故宫之间。随着项目步入正轨，团队运作日益顺畅，虽然他前往故宫的次数有所减少，但对故宫修复工作的关注与投入丝毫未减。

　　"参与故宫的修复项目后，我们的工作内容本质上并没有太大变化，仅仅是工作环境和地点发生了改变。即便如此，在故宫修文物的独特体验，还是让我们感到十分自豪和满足。每次向别人提起我们在故宫的工作时，总能收获他人羡慕的目光。确实，在这里工作，让我们觉得自己的职业生涯又上了一个台阶。然而，无论身处何地，我们对待工作的态度始终如一，每天都会依照既定的流程和标准来完成每一项任务。"

　　在修复工作的具体实施过程中，他们与故宫文物方面的专家团队进行过多次讨论。"面对技术难题与观点分歧，我们始终秉持着开放与包容的态度。我们尊重专家的专业意见与丰富经验，也敢于提出自己的见解与建议。通过一次次的交流与思想碰撞，我们最终达成了共识，为每一件文物精心制作出最佳修复方案，并将其付诸实践。"

　　在诸多修复项目中，养心殿内的紫檀木七层八角无量寿佛宝塔尤为引人注目。当时，这座佛塔存放在库房，残缺较为严重。他们依照既定流程，先是对其进行建档，随后进行清洗、寻找匹配的材料，再进行精细雕刻，整个修复流程就是这样一步步完成的。

　　刘更生说："养心殿的无量寿佛宝塔，至今有200多年的历史了。由于采用了包镶的工艺，其外层的紫檀木脱落严重，在修复过程中，哪怕只是掉下来的一个小木渣儿，我们都要把它捡起来，逐一排列对比，扫地时也格外小心谨慎。修补完成后，依照原有风格进行雕刻。对于部分丢失的部件，我们会进行整体复制，并按照原有的榫卯结构进行连接。最后进行熏蒸、消毒处理，所以整个工程历时数月。"

他们修复过的最大木质文物是铜壶滴漏和自鸣钟这两件文物的木作部分。这两件都是养心殿中的重要文物。铜壶滴漏是用来计时的工具，由五个铜质壶组成，壶口通过龙头玉管向下滴水来实现计时功能，每逢整点就会报时。自鸣钟是一个阁楼式的老物件，体型高大，同时具有报时功能。刘更生带领团队克服重重困难，用了一年的时间，将这两件文物修复完成，并将它们重新安置回原位。最终，铜壶滴漏与自鸣钟才得以重焕光彩，再次成为养心殿内一道亮丽的风景线。

如今，这些修复好的文物已对外展出，吸引着无数游客的目光。它们静静地伫立在原位，仿佛时间从未流逝，向游客诉说着那段历史。这一切都离不开刘更生及其团队的辛勤付出与不懈努力。

从2013年至今，刘更生带领技术骨干成功修复了包括故宫养心殿无量寿佛宝塔、满雕麟龙大镜屏、紫檀宝座、紫檀镜框、铜壶滴漏和自鸣钟等数十件木器文物，让这些尘封多年的宝贵家具文物在新时代得到保护和传承。

"平安故宫"修复项目不仅是对龙顺成修复技艺的一次重大考验，更是对其信任的体现，同时也是他们保护和传承中华优秀文化遗产的见证。刘更生说："我们将继续以敬畏之心对待每一件文物，以精湛之技守护每一段历史。在未来的日子里，我们将不忘初心、砥砺前行，为中华优秀传统文化的传承与发展贡献更大的力量。"

⊙ 左上图　自鸣钟图片
⊙ 右上图　刘更生（左）修复自鸣钟时留影
⊙ 左下图　刘更生修复铜壶滴漏时留影
⊙ 右下图　刘更生与团队成员的合影

⊙ 刘更生与团队成员在"平安故宫"修复现场

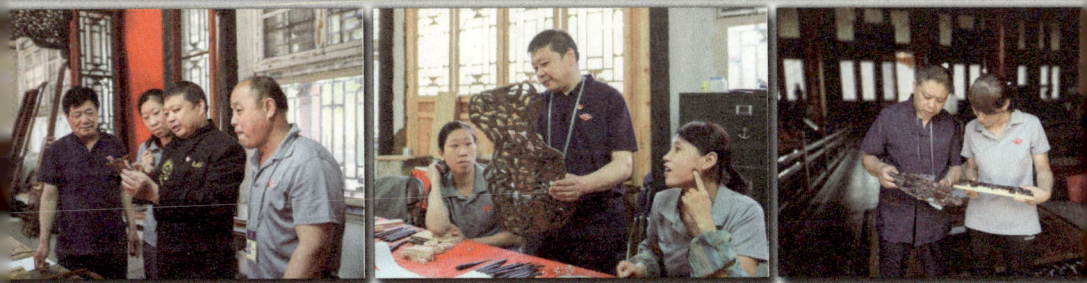

⊙ 刘更生与团队成员在"平安故宫"修复现场

修缮天安门城楼

2018年，刘更生团队接到修缮天安门城楼内部木质装饰的任务，以迎接庆祝中华人民共和国成立70周年大会。当得知他们将参与天安门城楼内部修缮工作时，团队成员心情无比激动。毕竟，能被委任修缮这样一座具有历史意义的建筑，是许多人梦寐以求的机会。

天安门城楼的重要性不言而喻，它不仅是中国的标志性建筑，更承载着深厚的历史和文化底蕴。然而，也正因其特殊的地理位置和重要的历史地位，修缮工作面临着诸多挑战和困难。

接到任务后，刘更生带领团队立即开展准备工作。他们首先向相关部门报备，并接受了严格的政审。必须确保每一位参与项目的成员都无任何不良记录，且通过层层政审，才能正式获得参与项目的资格。

政审通过后，相关部门为每位工人办理了出入证——这是进出施工现场的必备证件。2018年4月，刘更生团队开始前往天安门城楼进行现场勘查和准备工作。在正式施工前，他们多次前往天安门管理处参加会议，了解项目的具体要求、注意事项等内容。

第一次踏上天安门城楼时，刘更生的内心充满了激动和敬畏之情。这座历史悠久的建筑见证了中国的发展历程，如今能够亲自参与它的修缮工作，他感到无比荣幸。

经过前期的充分准备，他们最终确定于2018年5月24日正式启动项目，并将该项目命名为"524工程"。当天，他们正式进驻天安门城楼开始施工。为了确保施工过程的安全，他们采取了严格的管理措施。所有工人进入施工现场前都必须接受安全培训，包括学习防火等应急措施。同时，他们还设立了专门的手机存放处，要求工人在进入施工现场前将手机等私人物品存放好，以确保施工现场的秩序和安全。

施工人员须依次通过多道安检门才能进入城楼内部，这是为了确保施工区域的安全，并严格限制非授权人员的进入。进入实际工作区域后，他们首先对周围环境进行周密的检查，确保自己清楚了解并掌握每一项任务的具体要求。紧接着，甲方代表进一步强调施工过程中的安全规范、环保标准等高标准要求，以确保工程顺利进行。城楼内部被巧妙地划分为多个功能区，以满足办公、休息、接待客人及举办会议等多重需求。在修缮过程中，团队充分尊重历史，针对不同功能区域的特点，量身定制了修缮与改造方案，力求在保留历史风貌的同时，赋予其现代化的便捷与舒适。

由于这是刘更生团队首次接触此类项目，且城楼内部的复杂程度远超其想象，因此，团队成员对城楼的每一个角落都进行了详细的勘察和记录。为了更全面地了解城楼情况，他们甚至不惜攀爬到5米多高的位置，只为捕捉每一个细节。

拆除方案最终确定后，施工团队便立即行动起来。他们首先对城楼内部进行了全面的拍照和标记，以确保后续工作的准确性。随后，他们按照既定的拆除方案，一步步地推进拆除工作。

⊙ "524工程"施工现场

这些旧材料虽然年久失修，但都具有重要的历史价值，因此他们在拆除过程中格外小心谨慎，确保不会对其造成任何损坏。拆除完成后，他们会将旧材料进行分类整理和封存，以便后续的修缮或研究使用。

拆除工作是从7月份开始，那时正值北京一年中天气最热的时候。为了安全起见，他们规定工人不能携带任何东西上城楼，手机也都要统一保管。城楼上没有卫生间，这就意味着工人们不能喝太多水，因为上厕所会很不方便。如果需要上厕所，他们必须走到城楼下边，还要经过两道安检。所以，在上城楼之前，他们就对每个工人都进行了培训，并强调尽量少喝水。

7月的烈日如火，无情地炙烤着大地，城楼上更是热浪滚滚，仿佛连空气都在燃烧。然而，在这极端的环境中，刘更生团队依旧保持着超高的专业水准，身着整齐的工装，即使汗水浸湿了衣背，也无一人脱衣解暑。这不仅是对国家形象的尊重，更是对这份神圣使命的坚守。而攀登到城楼高处进行修缮，不仅是对刘更生团队体力与耐力的挑战，更是对团队意志与毅力的考验。每一次攀登，都是对自我极限的超越。

在密闭的城楼内部，拆除工作如同在历史的脉络中穿梭。每一根木梁、每一块木板，都承载着厚重的历史记忆，因此，他们的每一次敲击、每一次拆解，都格外慎重与细致。拆除方案如同精密的地图，引领着他们一步步揭开历史的尘封，同时，也为城楼注入新的活力。这项工作不仅是物理意义上的拆解，更是对历史文化的一次深刻理解与传承。

紧促的工期，催促着刘更生团队分秒必争。从盛夏到初秋，刘更生团队足足忙了三个月才完成拆除工作。在这段漫长的日子里，他们不仅要与时间赛跑，还要确保新结构的生产与设计能够无缝衔接。这就如同一场复杂的交响乐，每一个音符都需精准无误，才能奏响胜利的乐章。

拆除之后，面对堆积如山的家具、暖气罩、风机罩及宫灯等物件，刘更生团队没有丝毫懈怠。他们深知，这些物件不仅仅是修缮工程的一部分，更是传承历史文化的载体。因此，他们按照原物的风格与尺寸，一丝不苟地进行测绘与复刻。从选材到制作，从雕刻到组装，每一个环节都力求完美，确保新制作品与原有建筑装饰的协调一致，让历史的韵味得以延续。

在修缮过程中，刘更生团队不仅尊重历史，更勇于创新。面对柱体弯曲变形的难题，他们集思广益，采用缅甸花梨木进行二次烘干处理，并巧妙地在柱子后镶嵌槽钢，这样既增强了柱体的稳定性，又保留了其原有的美观与韵味。对于难以拆除维修的花窗，他们更是设计出了全榫卯可拆装的结构，这一创新之举不仅解决了维修难题，更为后续保养提供了极大的便利。

选材、制材、设计、制作……每一个环节都紧密相连，环环相扣。团队成员各司其职，又紧密合作，共同使这座历史建筑焕然一新。他们知道，自己手中的不仅仅是木头与工具，更是国家的荣耀与民族的记忆。在这段时光里，他们用汗水与智慧，为天安门城楼披上新的华服，让它在庆祝中华人民共和国成立70周年大会上绽放出更加璀璨的光芒。当看到天安门城楼在他们的努力下焕发出新的光彩时，所有的付出都化为了满满的自豪感和成就感。

⊙ 2020年，刘更生（右）与徒弟在挑选木料

⊙ 2021年，刘更生（穿浅色衣服者）在制订修缮工序时留影

第四章　大国工匠

扫码解锁

◎群英颂歌◎用心琢物
◎以技传世◎奋斗底色

重点项目

首都机场专机楼贵宾厅的家具项目

在2008年的金秋时节，刘更生站在首都机场专机楼贵宾厅的蓝图前，心中涌动着前所未有的使命感与激动。

"刘师傅，这次的项目可不简单，它关乎国家的形象与文化的传承。"领导的话语简短却掷地有声，让刘更生深切意识到肩上的责任重大。

"放心吧，领导，我一定带领团队，运用最精湛的工艺、融入最地道的传统元素，让贵宾厅令所有人赞叹。"刘更生目光坚定，言语间透露出不容置疑的决心。

项目启动后，刘更生挑选了珍贵的小叶紫檀作为主材。"小叶紫檀质地坚硬，色泽温润，最能体现中国古典家具的韵味。"他轻轻抚摸着木材，眼中闪烁着对中国古典家具韵味的追求。

为确保家具设计与现场环境完美契合，刘更生前往现场勘察，与建筑师、室内设计师反复沟通，不断调整设计方案。"我们要让每一件家具都像是生来就属于这里的一样，既蕴含传统之美，又不失现代的便捷与舒适。"他的言辞中，满是对细节的极致追求与对完美的无限向往。

⊙ 刘更生及其团队设计制作的首都机场专机楼贵宾厅中的家具

在贵宾厅的整体设计过程中，刘更生格外注重家具的文化意义。"这里不仅是休息的空间，更是文化交流的重要场所。"他反复强调，"每件家具都应成为文化的使者，讲述着中华大地的故事，传递深厚的文化底蕴，让每一位踏入此地的尊贵客人，都能深切感受到中华优秀传统文化的博大精深与独特魅力。"

于是，从椅子的曲线弧度，到桌面的雕花样式，从榫卯结构的精妙设计，到整体布局的和谐统一，刘更生和他的团队全身心投入每一个细节的打磨之中。他们夜以继日地工作，反复雕琢每一个细节，只为让这个代表国家形象的项目，能完美地呈现在世人面前。

"我们倾注了极大的心血与热情，将设计理念、最好的产品与工艺都融入这个项目。我们希望通过这些家具，让每一位踏入贵宾厅的客人，都能感受到中华优秀传统文化的魅力与韵味，同时也展现出我们国家对于传统工艺与文化传承的重视与尊重。"终于，在众人的期待中，贵宾厅揭开了神秘的面纱。当第一位贵宾步入其中时，那惊艳的目光和由衷的赞叹，便是对刘更生及其团队所有努力与付出的最好肯定。

APEC会议项目

2014年，全球瞩目的APEC会议将在北京隆重召开，刘更生团队有幸接到了为这次盛会制作参会来宾座椅的重要任务。

刘更生深知这项任务意义重大。

"刘师傅，这次任务至关重要，它代表中国向全世界展示咱们的传统工艺和文化底蕴。"上级领导的嘱托中满是信任与期待。

刘更生抬起头，目光坚定："领导放心，我们一定不负众望，做出最好的作品。"

通常情况下，家具的常规生产周期是三个月。但这次，从接到任务到交货，期限仅有两个多月，时间异常紧迫。

然而刘更生团队没有丝毫犹豫。春节的喜庆氛围还未完全散去，他们便紧锣密鼓地投入生产。由于工期的严格限制，交货期提前到了4月底，这对任何一家家具制造商来说都是极大的挑战。在生产过程中，涉及生产排产、设计图纸、材料选购、加工制作等诸多环节 和细节，每一个环节都不容有丝毫的马虎和延误。刘更生深知，时间关乎质量，时间关乎信誉，他必须带领团队克服万难，确保任务顺利完成。

为了应对这一挑战，他们迅速组建起一支专业的专项工作小组。小组成员紧密配合，如同精密的齿轮，共同推动着项目的进展。从设计图纸的反复修订，到材料选购的严格把关，再到加工制作的精细操作，每一个环节都凝聚着团队成员的心血与汗水。他们采用目标倒推法，将任务计划细化到每一天、每一小时，甚至每一分钟，确保每一个细节都能得到妥善处理。

在技术要求方面，刘更生更是展现出大师级工匠的深厚功底。他坚持使用传统的榫卯结构，这种结构独特之处在于，无须使用任何钉子或金属材料进行连接，完全依靠木材自身的结构和力学原理就能实现材料的稳固结合。刘更生还亲自示范"一木连做"的独门绝技，即使用一整根木料来制作椅子的腿部，而不像某些椅子那样采用两节或多节拼接。这种工艺不仅大大增强了椅子的稳固性，也展现了刘更生在木材加工领域的深厚功底和独特创意。运用这种工艺，在制作过程中必须精确无误地掌握木材的纹理和走向，以确保整根木料在制作过程中不会出现断裂或变形等问题。

在这个过程中，刘更生也遇到了很多问题。尤其是选料环节，由于每块材料的颜色、纹理各不相同，要找到颜色一致、纹理相近的材料并不容易。这需要花费大量的时间和精力去筛选、比对，以确保最终选用的材料符合要求。这种对技艺的极致追求，不仅体现在对材料的精挑细选以及对烘干处理的严格把控上，更体现在每一个加工环节的精益求精上。他深知，只有将最优质的材料与最精湛的工艺相结合，才能打造出足以代表中国形象的座椅。

在加工工艺以及雕刻纹饰等方面，刘更生力求尽善尽美。他采用镂空、圆雕、浮雕等多种手工雕刻技法，确保椅子的纹理和纹饰呈现出鲜活自然的效果。刘更生坚持不采用机器雕刻，他认为机器雕刻难以捕捉木材的自然纹理和微妙变化，而手工雕刻则能够更好地展现木材的质感和美感。

尽管面临诸多困难和挑战，刘更生团队始终保持着高度的责任心和敬业精神。刘更生知道这次任务的重要意义，也清楚自己肩负的责任和使命。因此，他始终保持着高昂的斗志和饱满的热情，全力以赴投入工作。

在加工过程中，刘更生化身严苛工匠，对每一个环节都进行精细控制，将误差范围缩到最小。他深知，只有如此，才能确保每一件产品的精度都能达到统一的高标准，进而保障产品的一致性与卓越品质。

然而，在项目推进至将近一半时，刘更生遇到了一个亟待解决的问题：传统红木家具因其重量和体积问题，在搬运和使用上尤为不便。上级部门对此提出了明确要求，希望他们能够解决椅子的移动问题，使其更加便于使用。

面对这一挑战，刘更生迅速召集团队成员，集思广益，共同探讨解决方案。大家各抒己见，最终，"为椅子安装轮子"这一创意得到了一致认可。

在选择轮子材质时，刘更生更是下足了功夫。在对比了多种材质后，刘更生决定采用橡胶材质的轮子。这是因为橡胶轮不仅耐用耐磨，而且具有良好的静音效果，能够确保椅子在移动时不会发出刺耳的声响。同时，他还精心设计了轮子的移动方向，将其设定为仅支持轮子前后移动，既满足了椅子便于移动的需求，又在重要场合中确保了椅子的稳定性与庄重感。

为了确保轮子的质量和性能符合要求，刘更生亲自进行了多次测试。他测试了轮子的承重力、灵活性和安全性等多个方面，以确保其能够经受住实际使用的考验。通过不懈努力，刘更生成功为椅子配备了既实用又美观的轮子，使得椅子在具备移动功能的同时，还保留了传统红木家具的优雅和韵味。

在轮子设计方案和材料选定之后，刘更生便着手进行试装。试装过程中，为了不破坏传统家具的外观和原有风格，他特意采取了巧妙的方法将轮子隐藏起来。他通过调整椅子部件的位置，把轮子巧妙地隐藏在椅子龟足下方。这样既不影响椅子的正常使用功能，也没有改变家具原有的造型。

刘更生这一在传统家具上的创新，成功赋予了传统家具的移动功能，让传统家具在保留其古典韵味的同时，变得更加实用和便捷。

产品完成后，刘更生邀请了各级领导和专家进行论证验收。他们对椅子的设计理念和成果给予了高度评价，一致认为刘更生成功

⊙ 刘更生设计制作的2014年APEC会议来宾座椅

地让传统家具"动"了起来，同时又没有破坏其外观，这一点非常出色。

此外，考虑到红木家具坐久了可能让人感到不太舒服，刘更生提出了制作靠垫和坐垫的解决方案，并依据人体工学数据为每位来宾量身定制。这些垫子不仅提升了座椅的舒适度，更在一定程度上缓解了使用者久坐后的疲劳感。这一贴心且极具人性化的设计，再次获得了各级领导与专家的高度评价。

当产品最终呈现在世人面前时，刘更生的名字与他的作品一同被铭记。他凭借卓越的才华与不懈的努力，不仅为2014年APEC会议贡献了一份精美的礼物，更在传统工艺与现代需求之间架起了一座桥梁，让传统家具焕发出新的生机与活力。

内蒙古自治区成立70周年的纪念品任务

2017年春日的一个清晨，刘更生接到了一个电话。

"刘师傅，咱们有项重要任务，要为内蒙古自治区成立70周年制作一份特别的纪念品。"

"好！这事儿交给我们，一定不负所托！"刘更生坚定地回应道。

随即，他召集了团队的核心成员，包括工艺师、设计师，以及文化顾问，共同商讨这份纪念品的打造计划。不久，设计初稿送达，会议室里顿时弥漫起一种紧张而又兴奋的气氛。

"大家看看，这是设计团队老师们的初步设计，非常有创意。咱们得让它更具'中国味'，更凸显内蒙古自治区的特色。"刘更生边说边翻开设计图，目光仔细扫过每一个细节。

　　"我觉得可以在这里加入一些传统家具的设计，比如榫卯结构，既稳固又美观，还能体现咱们的文化底蕴。"一位工艺师提出了建议。

　　"对！这个主意好！"刘更生眼前一亮，随即与设计团队进行沟通："老师们，我们有个想法，想在大座屏设计中融入更多传统文化的元素，特别是家具制作工艺中的精髓，您看如何？"

　　经过几番热烈讨论与反复修改，最后，双方一致确定将传统家具的文化元素作为设计的核心亮点。

　　"这腾龙纹的设计真是太妙了，既威猛又不失雅致，与内蒙古的草原文化相得益彰。"现场有人赞叹道。

　　"是啊，还有这卷草纹，寓意吉祥与和谐，与大座屏的整体风格浑然天成。"刘更生补充道，脸上洋溢着满意的笑容。

　　接下来的日子，刘更生每天都泡在工作室里，与团队成员们一起探讨、试验，对每一个细节他们都力求完美。他们不仅保留了设计团队原有的内蒙古元素，还运用巧妙的方式，使其与传统文化元素深度融合，展现出独一无二的艺术魅力。

　　终于，在一个阳光明媚的日子，大座屏作品顺利完成。当它被呈现在众人面前时，现场爆发出雷鸣般的掌声。那精致的榫卯结构、寓意深远的图案，以及其中蕴含的对内蒙古自治区的深情厚谊，无不令人深受感动。

　　"这就是我们的作品，它不仅表达了对内蒙古自治区成立70周年的祝贺，更实现了中华优秀传统文化与现代设计理念的完美交融！"刘更生站在大座屏前，满怀自豪地向大家介绍道。那一刻，他深知，自己与团队付出的努力与汗水，已经化作了这份纪念品中最宝贵的部分。

宁夏回族自治区成立60周年的纪念品任务

2018年初春的一天，阳光透过窗户，洒落在正忙碌于案头的刘更生身上。此时，他眉头紧锁，手中紧握着一份特殊的订单——为宁夏回族自治区成立60周年庆典准备一份特别的作品。

"刘师傅，这次的任务可不简单，得拿出咱们龙顺成的看家本领来！"领导的话语中带着几分期待与压力，让刘更生瞬间感受到了肩上沉甸甸的责任。

"放心吧，领导。我一定全力以赴，不会让您失望！"刘更生眼神坚定，随即全身心投入紧张的准备工作。

在设计初期，刘更生多次与设计团队进行视频会议，屏幕两端，创意与灵感碰撞出绚丽的火花。"刘师傅，我们想在设计中融入更多的宁夏文化元素，但又不能让整体风格失去庄重感，这可有点儿难度啊。"设计师在视频中笑道。

"这确实是个挑战，但我喜欢挑战。"刘更生微微一笑，随即提出自己的想法："不如我们这样，底部用龙顺成的传统工艺打造一个精致的木座，这样显得稳固而庄重；上部则设计一个圆形珐琅，既融入现代元素又不失民族风情。不知这个想法如何？"

方案一经提出，便得到了双方的一致认可。不出所料，从设计到制作，再到最终的布置，每一步都充满了挑战。刘更生亲自带领团队，夜以继日地工作，反复调整设计方案，确保每一个细节都能完美呈现。

"这个榫卯结构我觉得还可以再精细一些，这样才能更好地体

⊙ 2018年，宁夏回族自治区成立60周年纪念品——《美丽宁夏》珐琅器

现咱们的传统工艺。"刘更生在一旁提出建议。

"对，刘师傅您说得没错，咱们就得精益求精，不能有一点儿马虎。"团队成员说。

刘更生随即与团队成员一起，对每一个榫卯结构进行了细致打磨与调整。

终于，在大家的共同努力下，作品如期完成。当刘更生带领团队跨越几千公里，将这份凝聚了数人心血的礼物亲手布置在庆典现场时，所有人的心中都充满了自豪与激动。

"看，那就是咱们龙顺成的作品，真是太美了！"刘更生感到无比欣慰与满足。

北京2022年冬奥会家具项目

2021年4月26日，龙顺成正式官宣成为北京2022年冬奥会和冬残奥会官方指定的唯一红木家具供应商，负责为冬奥会的贵宾厅、要客区和冬奥村制作传统红木家具。

"能为北京冬奥会贡献一份力量，作为一名制作中国古典家具的匠人，我感到非常光荣。"刘更生对此深感自豪与激动，他深知这不仅是一次千载难逢的机遇，更是对古老技艺与现代创新融合的一次重大考验。

当北京冬奥组委的领导亲临调研时，刘更生敏锐地抓住了这一历史性的交流契机。他满怀热情地向领导阐述了自己的设计理念与宏伟蓝图，双方的思想碰撞，和北京冬奥组委的明确指导，为后续的设计制作奠定了坚实的基础。

为确保任务高质量完成，刘更生亲自挂帅，成立了奥运专班，集结了行业内顶尖的工匠与设计师，共同投身这场打造文化与艺术的盛宴。他们以明式与清式两种经典家具风格为蓝本，精心雕琢，力求每一件作品都能成为传承与创新兼具的典范。

鉴于冬奥会恰逢春节这一传统佳节，刘更生与龙顺成团队匠心独运，确立了"冬去春来"的设计主题，旨在通过家具这一载体，展现中国文化的独特韵味与冬奥精神和谐共生。他们在传统卷草纹的基础上，创造性地融入冬奥元素，如八扇折屏上栩栩如生的冰嬉图案、挂衣架上寓意深远的冰裂纹等，每一处细节都彰显着中国古典文化的魅力与大国自信的风采。

在制作过程中，刘更生秉持精益求精的原则，不仅沿用了中国传统的榫卯结构，以确保家具的稳固与耐用，还精选了名贵的红木材料，力求在品质与美感上达到极致。面对时间紧、任务重的挑战，龙顺成团队丝毫没有懈怠，反而以更高的标准要求自己，将家具的平整度控制在了惊人的 ±0.1毫米以内，远超国家标准。

为了实现目标，团队在运用传统工艺的基础上，融入现代科技的力量，对家具进行了诸多创新改良。以托泥圈椅为例，经过47次精心调整后，它不仅保留了古朴典雅的外观，在环保与审美上也达到了新的高度。无漆处理与水磨烫蜡工艺的结合，让家具表面散发出自然温润的光泽，无任何化学气味，真正实现了绿色健康。

刘更生深知，这些家具不仅仅是实用的物件，更是中国与世界交流的"使者"。他希望这些作品能够让全球友人近距离感受到中国文化的博大精深与独特魅力。因此，每一件家具都承载着他对传统文化的传承与敬畏之心，它们以经典之姿，讲述着中国故事，传递着东方美学。

⊙ 2021年，刘更生（右一）指导制作北京2022年冬奥会家具时留影

⊙ 2022年，刘更生在冬奥场馆礼宾家具前留影

最终，在刘更生的带领下，龙顺成团队圆满完成了任务，为北京冬奥村等11个场馆提供了包括托泥圈椅在内的18种传统家具品类，共计435件中式京作红木家具。这些家具以其卓越的工艺、精妙的设计以及深厚的文化底蕴，成为北京2022年冬奥会上一道亮丽的风景线，给来自世界各地的朋友留下了难以忘怀的美好印象。刘更生与他的团队，以实际行动践行着对中华优秀传统文化的坚守与创新，向世界展现了中国匠人的非凡智慧与卓越成就。

比赛

2011年，刘更生参加了北京市第二届手工木工比赛。

这是他人生中第一次参加此类比赛，他的心中既充满了好奇又带有些许忐忑。长期以来，他一直在车间里默默工作，对其他木工的技艺水平所知有限，感觉自己像是井底之蛙，视野受限。因此，当得知比赛的消息后，他决定给自己一个机会，走出车间，去见识更广阔的天地，与高手们切磋技艺，一较高下。

报名参赛的过程并不复杂，比赛消息传达到单位，随后刘更生便在网上完成了报名。比赛分为初赛和决赛，初赛要求参赛者制作一把椅子，决赛则是制作一个小凳子。初赛时，所有参赛者都需在现场进行制作。这是刘更生第一次参赛，对比赛的流程和规则都不太熟悉，导致他十分紧张。他尽力保持冷静，按照自己的节奏进行制作。然而，到了决赛阶段，他明显察觉到了自己作品的不足——外观较为粗糙，细节不够精细，这主要是由于时间紧迫，他没有足够的时间对作品进行打磨和完善。

回想起那次比赛，刘更生深刻体会到了比赛与日常工作的不同。在车间里，他们可以按照自己的节奏工作，而比赛则需要在有限的时间内制作出高质量的作品。此外，比赛还考验着他的心理素质和应变能力。由于刘更生没有太多的参赛经验，所以在比赛中显得有些手忙脚乱，不知道该从哪里下手。

"尽管最终我没有取得好成绩，只获得了优胜奖，但这次比赛对我来说仍然是一次非常宝贵的经历。通过比赛，我认识到了自己与其他选手之间的差距，也熟悉了比赛的流程和规则。更重要的是，锻炼了自己的意志和心理素质，为未来参加其他比赛打下了坚实的基础。"

2016年10月20日，北京市总工会召开了首届"北京大工匠"选评工作新闻发布会，标志着备受瞩目的首届评选活动正式拉开帷幕。这一消息如春风般迅速吹到了北京各行各业，自然也吹到了刘更生所在的单位。

"刘师傅，这可是个好机会，你得把握住！"工会领导的话语如同战鼓，在刘更生的心中激起层层波澜。

刘更生回想起2011年参加北京市第二届手工木工比赛的场景，那次经历不仅为他积累了宝贵的比赛经验，更让他深刻体会到"以赛代练"的真谛——在挑战中超越自我，在竞争中磨砺意志。

"站在那样的舞台上，与高手们一较高下，是多少工匠梦寐以求的机会啊！"刘更生这样对自己说。他深知，这不仅仅是一场技艺的较量，更是一次对自己心理素质、临场应变能力的全面考验。在多年的日常工作中，他已习惯了熟悉的环境与伙伴，但在这里，每一次挑战都如同探险，充满了未知与惊喜。

因此，当"北京大工匠"的竞赛消息传来时，刘更生毫不犹豫地报了名。在比赛初期阶段，他凭借扎实的功底和充分的准备，一路过关斩将，顺利进入决赛。然而，当踏入决赛现场，面对众多来自不同单位的高手时，他才意识到比赛的激烈程度远超自己的想象。作为年龄稍长的选手，他不仅要面对技艺上的比拼，还要克服体力与精力相对不足的挑战。

"一方面，我担心自己能否在决赛中发挥出最好的水平，另一方面，我担心自己在体力和眼力上或许不如那些年轻选手。"尽管刘更生经验丰富，但在这种高强度的比赛中，年龄带来的劣势让他感到有些力不从心。

"我能否在决赛中发挥出最佳水平？我的体力和眼力能否与年轻选手相抗衡？"这些疑问时常在他脑海中盘旋，让他压力倍增。但每当这个时候，他都会想起集团领导的关怀与鼓励。领导们的心理疏导和战术指导，让他的心态逐渐平复，重新找回自信。

终于，2017年的初冬时节，决赛的号角在寒风中吹响。刘更生独自前往比赛现场，心中既紧张又充满期待。当抵达现场时，映入他眼帘的是一片热闹非凡的景象：他的同事们，有的作为参赛者严阵以待，有的作为观众前来观摩学习。

随着裁判员一声哨响，比赛正式开始。决赛的任务是打造一件精致的插屏，图纸上的每一个线条、每一个尺寸都需精准无误地转化为实际部件。尤为特别的是，这件插屏需采用榫卯结构，要求每一个连接点既牢固又灵活，整体能够自如地开合，这无疑是对参赛选手技艺的一次极大考验，也是对参赛选手创新能力与细节把控能力的双重考验。

刘更生接过图纸，目光专注地审视着每一个细节，心中暗自思量。图纸上的线条仿佛活了起来，在他的脑海中盘旋、交织，最终形成一幅清晰的画面。他轻轻拿起一块经过精心挑选的木料，手指在其表面缓缓滑过，感受着木质的温润与纹理的细腻。他的眼神专注而坚定，仿佛在与这块木料进行一场无声的对话，试图从它的纹理中探寻出最佳的设计方案。

榫卯结构的制作，是整个比赛的核心所在。刘更生深知，榫卯结构的精髓在于"不借一钉一胶"，完全依靠木头自身的契合之力相互咬合。他深吸一口气，手中的刻刀轻轻落下，木屑纷飞，每一刀都精准无误。他力求达到力学原理与艺术美感的完美融合，仿佛是在木头上绘制一幅细腻的工笔画。他小心翼翼地雕琢着每一个榫头与卯眼，确保它们能够严丝合缝地契合。每当榫卯成功对接，他都会露出满意的微笑，那是对自己技艺的肯定，也是对木头生命力的敬畏。

随着比赛进程的推进，插屏的轮廓逐渐清晰起来。同时，插屏的垂直度与平整度也是评判作品的关键指标，因此他时刻提醒自己，不能有丝毫懈怠。刘更生对待插屏如同雕琢一件艺术品，进行了无数次打磨与抛光，直至其表面光滑如镜，无一丝瑕疵。这样的处理不仅能让插屏在视觉上更加美观，也能让使用者获得更好的触感。

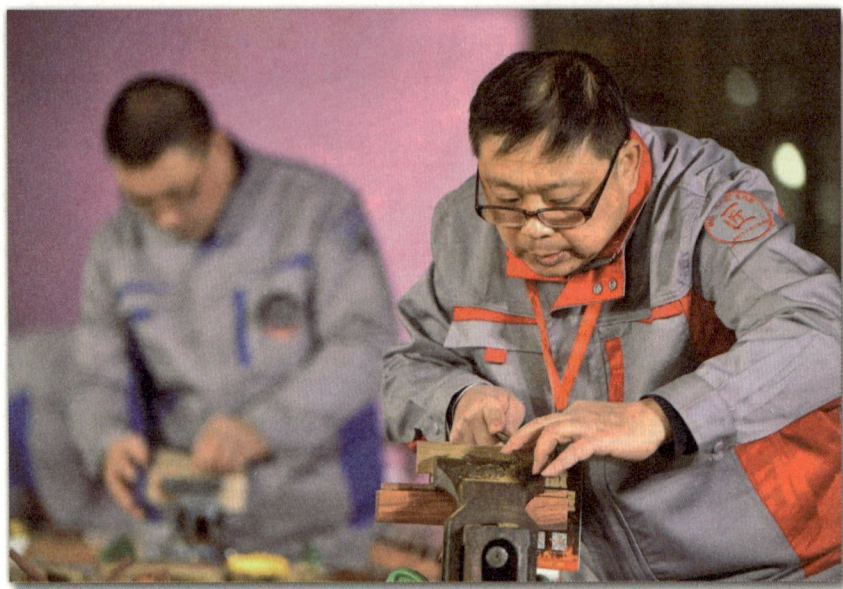

⊙ 刘更生在首届"北京大工匠"比赛现场的留影

比赛还设有加分项，旨在鼓励选手们发挥创意，为作品增添独特魅力。刘更生在遵循图纸的基础上，巧妙地融入了自己的设计巧思，使得插屏在符合规范的同时，更具个性与韵味。

比赛时长为六个小时，刘更生全程沉浸在自己的世界里，与木料"对话"，和时间赛跑。随着时间的流逝，体力的消耗与紧张情绪的累积所产生的影响开始显现。尤其是在比赛的最后阶段，刘更生的手指因长时间的精细操作而抽筋，腿脚也不由自主地颤抖起来。然而，他并未退缩，反而更加坚定了自己的信念。他放下工具，调整呼吸，用力甩动双手，试图让手指恢复灵活。就在这时，身边的队友注意到了他的异样，关切地问："刘师傅，你没事吧？需要帮忙吗？"

刘更生点了点头，说："我的手抽筋了。"

"我来帮你拉伸一下手指。"说着，队友便用力地帮刘更生拉伸着手指。在队友的帮助下，刘更生的手指很快恢复了灵活。他感激地看了队友一眼，心中满是温暖和力量。

与此同时，天气寒冷、体力透支、情绪紧张……这些因素都在不断挑战着刘更生的极限。但他知道，他不能放弃，必须咬紧牙关坚持下去。他时而低头沉思，时而抬头观察插屏的整体效果，不断调整和完善着每一个细节。

渐渐地，插屏的制作接近尾声。刘更生站在插屏前，仔细审视着它的每一个部分，通过抚摸感受着木头带来的温暖与质感。他知道，这件插屏不仅仅是他技艺的展现，更是他对木工艺术热爱与执着追求的象征。

最终，在反复尝试与修正之后，刘更生成功完成了这件插屏作品。他轻轻地抚摸着插屏光滑的表面，心中充满了成就感。当他第一个举起完成的作品时，周围响起了热烈的掌声和赞叹声。

比赛结束后，选手们的作品由评委进行打分。评委们都是业内的专家，他们会对每件作品进行细致入微的评判。刘更生站在一旁，双手紧握，目光不时掠过那些待评判的作品，心中五味杂陈。这一刻的等待，比任何时刻都要煎熬。周围的选手们有的低声交谈，分享着比赛中的点点滴滴；有的眉飞色舞地讲述着得意之作；有的则眉头紧锁，反思可能存在的瑕疵……空气中弥漫着一种竞争与合作并存的微妙气息。

"刘师傅，你感觉怎么样？"一位熟悉的同事走过来，轻声问道。

刘更生勉强挤出一丝微笑，回答道："还好吧，尽力了。你呢？"

"我们都一样，希望结果不负努力。"同事拍了拍他的肩膀，笑道。

随着时间一分一秒过去，刘更生内心的焦虑逐渐累积到了顶点。他不断地回想着比赛中的每一个细节，生怕有任何疏忽被他遗漏。领导的厚望、同事的期待以及自己多年的努力与梦想，在这一刻汇聚成一股无形的压力，让他近乎窒息。

终于，裁判的声音穿透了人群的喧嚣，开始宣读成绩。那一刻，时间仿佛凝固了。当裁判清晰无误地宣布"刘更生，第一名"时，刘更生的心脏猛地一跳，仿佛要从胸腔中跃出，他愣了片刻，周围的声音逐渐变得模糊，只有自己急促的呼吸声。紧接着，一阵难以言喻的激动如潮水般涌来，让他的眼眶不禁微微泛红。

"我……我真的做到了？"刘更生喃喃自语，声音里带着一丝不可置信。身旁的同事见状，纷纷围拢过来，脸上的笑容比春天的阳光还要灿烂。

"刘师傅，你太棒了！我们就知道你可以的！"一位平日里关系要好的同事用力拍了拍他的背，声音里满是喜悦和自豪。

"是啊，刘师傅，您的手艺我们一直都佩服得五体投地！"一个年轻的后辈兴奋地喊道，眼中闪烁着崇拜的光芒。

刘更生努力平复激动的心情，他的眼角有些湿润，但笑得比任何时候都要灿烂。他伸出手，与周围的每一个人紧紧相握，每一次握手都像是在传递一种无形的力量，那是对彼此努力的认可，也是对未来无限的期许。

"谢谢大家。"刘更生哽咽着说，声音里充满了感激。他抬头望向远方，仿佛看到了自己多年来在木工道路上留下的每一个脚印，那些汗水与泪水交织的日子，在这一刻都化作了最宝贵的财富。

2018年4月9日，北京市总工会正式揭晓了首届"北京大工匠"名单。经过一系列激烈而严谨的选拔流程，最终共十人荣获首届"北京大工匠"的称号。在这份充满荣耀的名单之中，刘更生的名字赫然在列，他凭借着自己多年来在手工木工行业的不懈努力与卓越成就，成为这一殊荣的获得者之一。这个称号，不仅仅是对他技艺的认可，更是对他坚持不懈、勇于挑战精神的最高赞誉。

颁奖典礼在北京电视台演播大厅举行。当时，现场气氛热烈，大家都怀着无比激动的心情参加这次盛会。当刘更生走上台，站在聚光灯下，从颁奖领导手中接过沉甸甸的奖杯时，他的心情已经由最初的激动逐渐转化为一种深沉的责任感。他深知，这份荣誉不仅仅是对他个人的肯定，更是对整个手工木工行业的鼓励和期待。

"感谢北京市总工会给予我展示自我的平台，感谢评委们的专业评判，更感谢一直以来支持我、陪伴我的家人、同事和朋友们。"刘更生发表感言，声音坚定且有力，"我会将这份荣誉作为新的起点，继续传承和发扬手工木工技艺，为行业的发展贡献自己的力量。"

话音落下，台下响起了雷鸣般的掌声。刘更生深深地鞠了一躬，眼中满是对未来的无限憧憬，也透着坚定的信念。他知道，前方的路还很长，充满挑战，但他已经准备好带着这份荣誉与责任，继续在手工木工的道路上勇往直前。在未来的日子里，他将在手工木工行业继续深耕，为传承与发扬这项古老又伟大的技艺贡献自己的力量。

创新工作室

2016年，"刘更生创新工作室"（以下简称"工作室"）成立了。工作室汇聚了他精心培养的十余名高徒，他们共同肩负着京作硬木家具制作工艺的传承与创新重任。

"随着企业发展壮大，我越来越体会到自身所肩负的社会责任的重大，看到龙顺成不断成长，发展得越来越好，我由衷地感到自豪。作为一名手工木工传承人，我要像我师傅当年教我的那样，将技艺毫无保留地传承下去。其实，我传承的不仅是技艺，更是匠人的精神内核。我希望能够借此契机弘扬工匠精神，助力中国制造打响品牌，培养出一批又一批优秀的匠人。"刘更生说，"创立工作室的初衷，是希望为更多的年轻人提供一个优质的学习和工作环境，让他们能够更好地掌握和传承手艺。我始终坚信，工作室能够作为一个平台，在年轻人与传统手艺之间搭建起一座桥梁，让他们在这里找到属于自己的舞台。"

此后几年，工作室成功仿制了金丝楠鸾凤顶箱柜、紫檀耕织图罗汉床、紫檀曲尺罗汉床、紫檀嵌珐琅职贡图罗汉床等经典重器家具。他们不仅完美再现了这些家具精妙的制作工艺与绚烂的色彩，更将这些家具的高贵品质与紫檀、珐琅等材料完美结合，让世人领略到中国古典家具的独特魅力。

在传承的基础上，工作室勇于探索，不断创新。他们独创的名贵木材曲线拼接技法，显著提升了原材料的利用率，有效节约了珍贵资源，大幅降低了成本；同时，创新线型刀具制作技术实现了机械化技术与手工技艺的和谐共生，减轻了工匠的劳动强度，提高了生产效率；此外，工作室还坚持传承并优化了传统家具的表面处理工艺，采用水磨烫蜡打磨技术，赋予家具更加光滑细腻、环保健康的质感。在榫卯结构的运用上，工作室更是不断钻研改进，既保留古典家具的传统韵味，又融入现代科学的合理性。这一系列举措，不仅推动了京作硬木家具制作技艺的繁荣发展，更为中国传统文化的传承与创新书写了浓墨重彩的一笔。

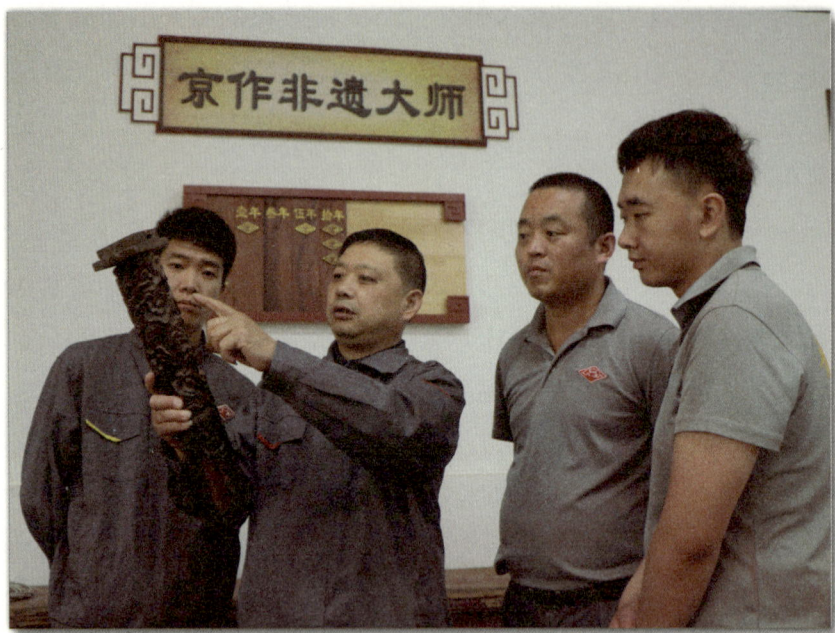

⊙ 2020年，刘更生（左二）给徒弟们讲解老部件上的雕刻工艺时留影

自工作室创立以来，刘更生便将培育青年人才视为己任，精心挑选并悉心栽培每一位有潜力的新人。他坚持亲力亲为，从基础工具的使用、材料的甄别到款式的设计，无一不倾囊相授。他还带领徒弟们修复古旧家具，让传统技艺在每一次修复中焕发新生。

刘更生常强调：学徒之道，在于自我领悟与勤奋实践。他鼓励徒弟们不仅要学会"依样画葫芦"，更要领悟"偷艺"的诀窍，即勤于观察、善于思考、勇于尝试，唯有此，方能真正掌握技艺的精髓。在刘更生的严格教导下，"学艺先学做人"的理念深入人心。他虽以"严师"著称，却并非一味苛责，而是让徒弟们在实践中摸索、在犯错中成长，从而持续提升技艺。

对许多徒弟而言，刘更生不仅是技艺上的严师，更是他们人生路上的引路人。他给予徒弟们自由探索的空间，即便预见到可能犯错也依然包容，让徒弟们能从失败中汲取教训，进而深刻理解技艺的精髓。这份严厉的背后，实则饱含着刘更生对徒弟们深深的关爱与殷切的期望。

在刘更生的引领下，龙顺成家具的品质实现了质的飞跃，员工们学习木工技艺的热情空前高涨，生产线上洋溢着蓬勃的朝气与活力。公司顺势而为，积极响应国家政策，建立了"京作硬木家具制作技艺"传承人"1351"人才培养机制，即在第六代传承中培养30人的传承梯队、50人的技术骨干、1名有代表性的传承人，抓好技艺传承人梯队建设，完善内部评级及选拔标准，打造高效、专业的生产队伍。

工作室团队凭借卓越的技艺与不懈的努力，成为龙顺成素质

⊙ 2021年，刘更生（前排右三）与工作室成员的合影

优良、生产技能过硬的先锋职工团队。刘更生通过"师带徒、传帮带"的传统模式，不仅传授了技艺，更传承了匠人精神。在他的支持下，徒弟们积极参加各类技能竞赛并屡获佳绩，多人荣获"北京工艺大师"称号。这一系列成就，不仅彰显了工作室的实力与影响力，更为龙顺成乃至整个行业培养了大量宝贵人才。

2018年，在北京市总工会的精心策划下，工作室选派了6名优秀成员，赴台湾参加"第一届京台职工木工技艺交流赛"。此行不仅是一场技艺的切磋，更是一次深度的文化交融。在台湾交流期间，代表团深入参观了台湾家具产业博物馆与鲁班学堂，全方位、多角度地领略了台湾木作文化的独特魅力，详细了解了台湾家具行业悠久的历史脉络与蓬勃的发展现状。代表团与台湾的木作精英、学者及专家们围坐在一起，在温馨而热烈的氛围中展开了深入而广泛的交流座谈，共同探讨了木工技艺的精髓与未来发展趋势。

交流赛上，来自海峡两岸的12位能工巧匠同台竞技，各展所长。他们以精湛的技艺、创新的思维，生动展现了榫卯这一传承了千年的古老智慧。这场技艺的切磋与文化的碰撞，不仅加深了彼此的了解，增进了友谊，更让榫卯结构在海峡两岸绽放出更为璀璨的光彩，有力地推动了这一传统技艺的传承与发扬。

次年，即2019年，京台木工交流活动在北京圆满举行。作为对之前交流的回馈与深化合作的重要举措，台湾代表团携20余名成员回访龙顺成，两岸木工大师再次聚首，共话文化情缘。这次交流不仅巩固了两岸木工界的深厚情谊，更为双方在未来的合作与发展奠定了坚实的基础，共同书写了两岸木业合作的新篇章。

同年，北京市总工会更是将工作室评为"市级示范性职工创新工作室"。这份荣誉既是对刘更生及其团队过往辛勤付出的肯定，也饱含着对他们未来继续传承与创新，推动京作硬木家具制作技艺迈向更高峰的期许与鼓励。

2024年，为加速推进产业工人队伍建设改革的进程，北京市总工会秉持典型示范、分类实施、全面建设的"三步走"战略思路，精心挑选了地方、行业、企业以及高职院校，作为"首都工匠学院"试点建设的落脚点。通过这一举措，北京市总工会成功组建了一支以劳模、工匠、创新工作室领军人为骨干的职工匠师队伍，重新塑造了具有北京特色的"工匠名片"与"产改品牌"。在此背景下，2024年全国机械冶金建材行业"工匠学院"在金隅龙顺成文化创意产业园正式揭牌。同时，引校入馆，将龙顺成京作非遗博物馆打造成特色爱国主义基地，利用鲁班学堂、鲁班工坊等平台传承非遗技艺，弘扬中华优秀传统文化。这些都与工作室有着紧密的联系。刘更生说："在今后的工作中，我们将积极开发系统化、标准化、专业化的技能培训课程，为学员提供个性化、多层次的职业技能提升指导与服务，努力将工匠学院打造成为技能人才培育的'摇篮'与'沃土'。"

复刻经典

小叶紫檀有束腰雕龙纹大罗汉床，是刘更生在2019年成功复刻的紫檀家具瑰宝，堪称其职业生涯中的巅峰之作。

"回望这几十余载的木匠生涯，我复刻过无数紫檀精品，但此床尺寸巨大，工艺精湛，实属罕见，它是我心中无可替代的代表作。"刘更生的话语中，流露出对这件作品的深厚情感与无限珍视。

这件家具的原物珍藏于故宫博物院，颐和园中也有一张与之相似。它之所以特殊，不仅是因为其尺寸之宏大，更是因为它是目前世界上已知存世的最大一张紫檀罗汉床，其长度为278厘米，宽度为176厘米，高度为180厘米。这张罗汉床用料讲究，采用的是难得一见的小叶紫檀大料，其质地坚硬，色泽温润，非常珍贵。再者，其工艺之精湛，堪称一绝。全床沿袭古法，采用精妙绝伦的榫卯结构，不需要一钉一铆，浑然天成。床的三面围板上，细密雕琢着栩栩如生的龙纹图案，九条五爪金龙腾云驾雾，气势恢宏，每一刀每一划皆蕴含了匠人超凡的巧思与心血。它不仅寓意着皇权的至高无上，更与"九五之尊"的传统规制完美契合，彰显尊贵与威严。可想而知，这张床在当时定是皇帝御用之物。

　　为庆祝龙顺成成立160周年，刘更生带领团队精心策划，决定复刻一批极具象征意义的家具，共计11件。而这张罗汉床，便是其中的代表。

　　复刻经典家具已成为刘更生的工作室里一项神圣的使命。作为国家级非物质文化遗产的传承人，他知道自己肩头的责任重大。他希望通过自己的努力，为后人留存更多经典作品，让中华优秀传统文化得以传承与发扬。因此，每年他都会精心挑选一些具有代表性、传承性和经典意义的古代宫廷家具或博物馆馆藏家具进行复刻。他的目标是让更多的经典家具融入大众生活，让更多的人了解中国古典家具的历史和文化。刘更生相信，通过他的努力，这些珍贵的家具将走出博物馆，走进千家万户，为人们带来更加舒适和美好的生活体验。同时，这也是对中华优秀传统文化的一种传承和弘扬，能够让更多的人领略到中华优秀传统文化的魅力和价值。这个过程充满了挑战与艰辛，但刘更生始终乐此不疲。他坚信，这些经典作品不仅代表着技艺的传承，更承载着民族的记忆与文化的精髓。

　　当刘更生决定复刻小叶紫檀有束腰雕龙纹大罗汉床后，他首先向领导汇报了自己的想法，经过与领导多次深入沟通，最终获得了他们的全力支持。紧接着，他亲自前往故宫博物院和颐和园，进行拍照和测量，搜集第一手资料，制定详细的复刻规划，并与团队成员共同攻克难关。

　　"我们精心挑选的复刻对象，都是那些承载着深厚文化传承的经典之作。"刘更生深知，这些经典作品在过去多为皇家宫廷所专属，普通民众难以一睹其真容，更别说拥有它们了。然而，随着时代的发展，文化自信日益增强，对劳模精神和工匠精神的追求也成了刘更生追求的目标。他坚信，自己的团队已经具备了将这些经典作品重现于世的实力。

有了公司的支持，刘更生团队满怀信心地投入工作。当时，刘更生召集了团队成员和他的徒弟们，满怀激情地对大家说："这件原物，是大清盛世时期工匠前辈们留下的珍贵作品。如今，我们身处新时代，有没有可能，我们不仅仅要将它复刻出来，更要把它做到尽善尽美？这不光是一项任务，更是一个机会，一个展现我们技艺的机会，同时也是对我们的一次重大挑战。我们能否成功，将取决于我们的努力和决心。"

作为当代工匠精神的传承者，刘更生深知自己肩负的历史使命与责任。面对如此重任，他首先召开了细致的动员会与协调会，确保每一个细节都经过周密筹备。在每一项工作开展之前，他都会对可能遇到的困难和问题进行逐一的分析和讨论。从选料到工艺，从雕刻的纹饰到刀法的运用，每一个细节刘更生都力求完美。经过将近两年的精心筹备，刘更生终于在2019年启动了这个项目。

在复刻这件紫檀大罗汉床的过程中，面对重重困难，刘更生并未退缩，反而更加坚定了他要将这份文化遗产完美再现的信念。

首先，获取实物依据就是一个难题。由于刘更生想要复刻的是故宫博物院和颐和园中的藏品，而这两个单位都是文物保护机构，不是他想见就能见到实物的。刘更生需要反复与单位负责人沟通协调，把他的想法和目的与对方沟通清楚，在得到对方领导同意后，才能在约定时间前往现场查看实物。这个过程充满不确

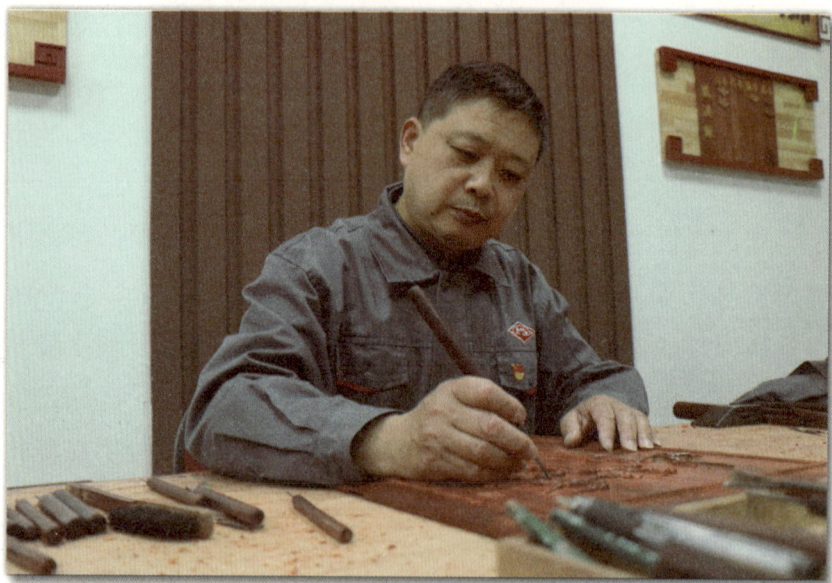

⊙ 刘更生雕刻花板时留影

⊙ 刘更生加工木料时留影

定性，需要极大的耐心和毅力，因为他的计划经常会因为对方的安排或突发事件被打乱。此外，去现场沟通、测量、拍照也是不小的挑战。由于文物所在单位性质特殊，刘更生往往需要花费很多时间去沟通和协调，才能顺利完成这些工作。

经过多次沟通和协调，刘更生最终与故宫博物院、颐和园达成共识。对方认可了刘更生的想法和计划，并表示支持他开展复刻工作。刘更生还得到了故宫博物院、颐和园专家的现场指导和宝贵意见，这为刘更生顺利完成复刻工作提供了有力的保障。

其次，在往昔，紫檀家具的制作往往遵循"量材制器"的古法，即依据手头可得的珍贵紫檀木材，精心规划并定制家具的尺寸，以求物尽其用，彰显自然之美。然而，当龙顺成决定复刻这张紫檀大罗汉床时，面临的是已经设定好的精确尺寸，这无疑为选材工作带来了前所未有的挑战。在既定的尺寸框架下，寻找一块能够完美匹配——既不会浪费又尽显尊贵的紫檀原木，成了团队的首要难题。经过无数次筛选与比对，以及近六个月的不懈搜寻，团队终于找到一根长达三米的顶级紫檀原木，其质地、色泽与尺寸均堪称完美，为复刻工作的顺利推进奠定了坚实的基础。

在设计制作过程中，刘更生亲自操刀，严格把控工艺与技术。从罗汉床的整体结构设计到外观造型的确定，他都力求完美。面对鼓腿彭牙的经典款式，他首先精心制作模板，以一比一的比例进行打样，并不断调整每一个细节，如腿的线条、牙板的弧度等，确保整体的和谐与协调。同时，他还深入研究了榫卯结构，确保每一个部件都能精准而稳固地组合在一起。这一系列工作既展现了传统工艺的魅力，又避免了实物制作过程中可能出现

⊙ 上一图 紫檀嵌珐琅夔龙纹翘头案
⊙ 上二图 紫檀嵌珐琅职贡图罗汉床
⊙ 上三图 三屏风曲尺罗汉床
⊙ 下一图 小叶紫檀有束腰雕龙纹大罗汉床

⊙ 上一图　紫檀高束腰外翻马蹄腿条桌
⊙ 上二图　紫檀嵌楠木耕织图罗汉床
⊙ 下左图　紫檀扇面椅
⊙ 下右图　紫檀透雕花卉纹绣墩

的误差与浪费。

再次，纹饰雕琢也是一个极大的挑战。其中，围屏上的云龙纹尤为引人注目，它并非图案的堆砌，而是意境与美学的完美融合。借鉴水墨山水的构图法则，云纹雕刻追求高远、深远、平远的意境，力求在二维的浮雕中营造出三维的立体透视效果，这对雕刻师的艺术修养与技艺水平均提出了极高的要求。刘更生团队凭借百年传承的非遗技艺，采用全手工雕刻，并结合传统锉草打磨工艺，以双手细腻感知紫檀的每一寸纹理，将匠人的情感与心血深深融入作品之中，使纹饰更加生动传神。

最后，组装这张"庞然大物"成了团队面临的又一挑战。罗汉床采用全活插结构设计，所有大边与牙板均为无拼接的紫檀整料，重量惊人，质地凝重而温润。在组装过程中，团队成员们小心翼翼，确保每一个部件都能精准对接，进而展现出完美的整体效果。整个复刻项目从选材到完成，耗时近两载，原木用量近三吨——几乎将龙顺成的原材料库翻了个底朝天。

经过无数个日夜的辛勤努力与不懈追求，他们终于成功地完成了这件作品的复刻。当这张气势恢宏的罗汉床缓缓揭开神秘面纱，展现在众人眼前时，整个空间瞬间被一股沉静而庄严的氛围填满。其长度超过两米，宽度与高度都颇为可观，引得众人交口称赞，赞叹之声此起彼伏。而最为引人注目的，莫过于那床身上精致细腻的龙纹，每一条龙都仿佛被赋予了生命，它们腾云驾雾，栩栩如生，令人叹为观止。众人看着这件作品，仿佛穿越了时空，感受到了那份古老而神秘的皇家气派。

"这不仅仅是一件家具，它是我们团队智慧与汗水的结晶，更是对龙顺成160年辉煌历史的生动诠释。"刘更生站在罗汉床旁，眼中闪烁着自豪与激动的光芒，他的声音温和而有力，每一个字都饱含对这份作品的深厚情感与无限珍视。

2021年"大国工匠年度人物"

2021年的盛夏，阳光炽热，一切都充满希望，中华全国总工会与中央广播电视总台携手，正式吹响了"大国工匠年度人物"评选活动的号角。一天午后，工会领导轻轻地叩响了刘更生工作间的门。

"刘师傅，好消息啊！"领导的眼中闪烁着期待的光芒，"2021年'大国工匠年度人物'的申报工作已经开始了，集团上下一致决定推荐您。您可得好好准备材料，为咱们单位争光！"

刘更生闻言，手中的活儿缓缓停下，惊讶而谦逊地说："我……我行吗？"他抬头望向领导，眼中充满疑惑："毕竟，'大国工匠年度人物'可是全国顶尖能工巧匠的荣誉，他们多来自航空航天、国防科技等与国家核心竞争力有关的前沿领域，我不过是坚守在这传统文化的小小一隅，我能行吗？"

领导上前一步，拍了拍刘更生的肩膀，语气坚定地说："刘师傅，您太谦虚了。您的技艺，不仅是对传统工艺的传承，更是对中华优秀传统文化的深刻诠释。我们对您绝对有信心，相信您的故事和成就，定能感动评委，赢得这份荣誉。"

⊙ 刘更生荣获的2021年"大国工匠年度人物"的奖杯和证书

⊙ 2022年3月2日，刘更生参加2021年"大国工匠年度人物"颁奖仪式

受到鼓舞的刘更生下班后就投入申报材料的准备中。夜深人静时，工作室的灯光亮至深夜，他一字一句地斟酌，一遍遍地修改，力求每一句话都能准确传达他对木工技艺的热爱与执着。

转眼来到了2022年3月2日，那个令人难忘的日子，中华全国总工会与中央广播电视总台共同举办的盛大颁奖典礼在北京隆重举行。当主持人宣布"2021年'大国工匠年度人物'名单"时，全场屏息以待。

"接下来，让我们以热烈的掌声，欢迎来自北京金隅天坛家具股份有限公司龙顺成公司的刘更生！"随着主持人的话音落下，聚光灯汇聚于舞台中央，刘更生步伐稳健地走上台，那一刻，他的脸上洋溢着激动与自豪。

当刘更生站在聚光灯下，手握沉甸甸的"大国工匠年度人物"奖杯时，他的心中涌动着如同潮水般的复杂情感。那一刻，时间仿佛凝固了，他环顾四周，看到的是同事们敬佩的目光、观众在热情地鼓掌，以及台下默默支持他的家人的身影。

刘更生无数次幻想过这样的场景，但真正站在这里，手握这份沉甸甸的荣誉时，那种真实感让他不禁热泪盈眶。同时，他也感受到了肩上的责任与使命。作为中华优秀传统文化的传承者，他深知自己肩负着将京作技艺发扬光大、传承给下一代的重任。这份荣誉不仅是对他过去努力的肯定，更是对他未来工作的鞭策。他暗下决心，要继续精进技艺，不断创新，让京作家具的独特魅力在新时代绽放出更加绚丽的光彩。

"作为一名普通的木工师傅，能够站在这里，获得'大国工匠年度人物'殊荣，我深感荣幸。这份荣誉不仅是对我个人的肯定，更是对我们传统文化，对每一位坚守在平凡岗位上的工匠们的认可。"刘更生说，"我将继续发扬匠人精神，传承好京作技艺，让这份文化在新时代焕发出更加绚丽的光彩。"

台下，掌声雷动，无数双眼睛中闪烁着敬佩与感动的光芒。这一刻，刘更生知道，他不仅为自己赢得了荣誉，更为所有默默奉献、精益求精的工匠们树立了榜样。当刘更生手捧奖杯走下舞台时，他的心中充满了对未来的无限憧憬。而这只是他工匠生涯中的一个节点，前方还有更多的挑战与机遇在等待着他。

刘更生自参加工作以来，以坚守与奉献，生动诠释了匠人精神的真谛。他对每一件作品都倾注心血，精雕细琢，在工作中充满积极性与创造性，始终勇于在传承中创新，在创新中传承。对他而言，传承不仅是技艺的延续，更是责任的担当与使命的践行。他不仅致力于发扬传统技艺的精髓，更将其传递给生产一线的每一位工人，乃至工艺、设计、技术领域的青年人才与管理精英。他以"师徒传承"的古老智慧，为行业培养了一大批宝贵的人才，为弘扬工匠精神、提升中国制造的品牌影响力，贡献了自己的全部力量。

刘更生在近千件京作家具的制作过程中，逐渐领悟到："红木材料仅仅是基础，而技艺是手段；家具的形态是外观，而优秀的工匠是核心。只有工匠们心中有追求，静得下心，沉得住气，对家具木工充满热爱，才能让家具焕发神采，才能制作出收藏级的精品家具。"作为一名国家级非物质文化遗产代表性传承人，从服务国家重点工程到将京作非遗技艺带入校园、走向大众，刘更生始终发扬着匠人精神，精进技艺，雕琢品质，使京作家具独特的制作技艺更好地延续下去。

非遗技艺的传承离不开所有人的支持，工匠精神因为有一代又一代人不懈地坚守而历久弥新。只要敢于追求极致，干一行爱一行，择一事终一生，在任何一个平凡的岗位上，每个人都能做出不平凡的成就。

刘更生说："我对工匠精神的理解，一个是崇尚劳动、乐于奉献，再一个是爱岗敬业、勇于创新，还有执着专注、一丝不苟。作为一名传承人，我将不忘初心使命，守正创新，保护并传承好优秀传统工艺和京作文化，钻技术、传技能、带好徒、出精品，一生守一艺，一艺终一生，坚守热爱岗位的初心，精益求精，把产品做到极致。我会运用我的专业技能修复、复刻更多的作品，让更多的人了解京作非遗、喜欢京作非遗，从而让京作非遗走进普通百姓家，融入我们的生活。工匠精神不仅体现在对产品的精心打造，更是一种传承与创新，不断运用最新技术，创造出新成果。虽然时代在变，但是我的初心永远不变。情怀依旧，路再远，坚持下来就是坦途。让我们一起迈向美好的未来！"

扫码解锁
◎群英颂歌 ◎用心琢物
◎以技传世 ◎奋斗底色

⊙ 刘更生（最后排左四）在中央广播电视总台2024年春节联欢晚会的现场

写给读者的一封信

亲爱的读者：

　　你好！

　　在这个静谧的时刻，我坐在这里，心中满是对时间流逝的感慨，也想着将这些感受与你分享。你是否也曾经有过这样的感觉：小时候，总觉得时间仿佛被拉长，每一分每一秒都显得那么漫长，总是焦急地等待着新年的钟声。而现在，转眼间，几十年如白驹过隙，让人不禁感叹时光匆匆。

　　回望过去的几十年，我心中充满了感激之情，有一些话想要和你们分享。

　　首先，我要深深地感谢我的父母。是他们用无私的爱和辛勤的汗水，为我撑起了一片天，让我得以健康成长。他们的养育之恩和教育之情，如同璀璨星辰，照亮着我前行的道路，这份恩情我将永远铭记在心。

　　其次，我要感谢在工厂里遇到的那些师傅们。他们不仅教会了我技艺，更是我人生道路上的引路人。在他们的悉心指导下，我一步步成长，学会了如何面对挑战，如何坚持不懈。这份师恩如同灯塔，指引着我前行的方向，让我在人生的旅途中不再迷茫。

　　同时，我也感到自己是如此幸运，能够生活在一个充满机遇和可能的时代。与父辈相比，我们这一代人拥有更多的选择和机会，这离不开党和国家的关怀与支持，是党和国家为我们提供了广阔的舞台，让我们得以展现自己的才能。对此，我深表感激，也更加珍惜眼前的一切。

　　再次，我要感谢我的家人。他们是我生命中最重要的支持者，家人的理解和付出让我能够全心全意地投入工作，追求自己的梦想。家人让我更加坚定了前行的步伐，也让我明白了家的温暖和力量。

　　在人生的道路上，我们每个人都会面临各种挑战和困难。但请记住，只有坚持和勇气才能让我们战胜一切。我的师傅曾告诉我："干到老，学到老。"这句话一直激励着我不断学习和成长。在遇到困难时，我们要积极面对，寻找解决问题的方法，不断磨炼自己的意志。

　　此外，我也希望你能明白，有梦想和目标是非常重要的。它们是我们前行的动力和方向。只有明确了自己的方向和信念，我们才能在人生的道路上不断前行，最终取得成功。虽然现在的你可能生活在相对优越的环境中，但请记得，只有经历过风雨才能见彩虹，只有经历过挫折才会更加珍惜成功。

　　最后，我想再一次提醒你，时间是非常宝贵的。小时候我们总觉得时间过得很慢，但现在却觉得它飞逝如流水。请珍惜每一分每一秒，把时间用在有意义的事情上。只有这样，我们才能在有限的时间里创造出更多的价值和成就。同时，也不要忘记享受生活的美好，因为生活本身就是值得我们去体验和珍惜的宝贵财富。

　　愿你在成长的道路上勇敢前行，不断追求自己的梦想和目标。相信未来的你一定会感谢现在努力的自己！

　　祝好！

刘更生
2024年8月

扫码解锁

◎群英颂歌◎用心琢物
◎以技传世◎奋斗底色